O PREFEITO ESCRITOR

O PREFEITO ESCRITOR

DOIS RETRATOS DE UMA ADMINISTRAÇÃO

GRACILIANO RAMOS

1ª edição

A única edição autorizada pelo
Instituto Graciliano Ramos,
que reverte parte dos direitos autorais
à ONG Innocence Project Brasil.

EDITORA RECORD
RIO DE JANEIRO • SÃO PAULO
2024

CIP-BRASIL. CATALOGAÇÃO NA PUBLICAÇÃO
SINDICATO NACIONAL DOS EDITORES DE LIVROS, RJ

R143p   Ramos, Graciliano, 1892-1953.
             O prefeito escritor : dois retratos de uma administração / Graciliano Ramos. - 1. ed. - Rio de Janeiro : Record, 2024.

             ISBN 978-85-01-92168-0

             1. Palmeira dos Índios (AL) - Política e governo - 1929-1930. 2. Palmeira dos Índios (AL). Prefeitura - Relatórios (1929-1930 : Graciliano Ramos). 3. Política e literatura. I. Título.

24-88133   CDD: 981.061
                              CDU: 94(81).082/.083

Gabriela Faray Ferreira Lopes - Bibliotecária - CRB-7/6643

Copyright © Herdeiros de Graciliano Ramos
http://www.graciliano.com.br

Todos os direitos reservados. Proibida a reprodução, armazenamento ou transmissão de partes deste livro, através de quaisquer meios, sem prévia autorização por escrito.

Texto revisado segundo o Acordo Ortográfico da Língua Portuguesa de 1990.
Direitos exclusivos desta edição reservados pela
EDITORA RECORD LTDA.
Rua Argentina, 171 – Rio de Janeiro, RJ – 20921-380 – Tel.: (21) 2585-2000.

Impresso no Brasil

ISBN 978-85-01-92168-0

Seja um leitor preferencial Record.
Cadastre-se no site www.record.com.br
e receba informações sobre nossos
lançamentos e nossas promoções.

Atendimento e venda direta ao leitor:
sac@record.com.br

SUMÁRIO

Prefácio,
por Luiz Inácio Lula da Silva   7

RELATÓRIOS

Relatório que apresenta ao
Conselho Municipal o prefeito
de Palmeira dos Índios   15

Relatório ao Governador do Estado
de Alagoas (1929)   21

Balanço (Exercício de 1928)   37

2º Relatório ao Governador
do Estado de Alagoas (1930)   43

Balanço (Exercício de 1929)   57

Notas   61

Vida e obra de
Graciliano Ramos   65

PREFÁCIO

Ao ler este livro, me deparei com um outro Graciliano Ramos. Em vez do autor de *Angústia*, o Graciliano das próximas páginas é o angustiado prefeito de Palmeira dos Índios, município do agreste alagoano. A exemplo dos pobres retirantes de *Vidas secas*, vemos aqui um homem público às voltas com as mazelas da seca e da pobreza.

O prefeito Graciliano Ramos tinha preocupações bem diferentes daquelas do escritor Graciliano Ramos: equilibrar as contas da prefeitura, administrar o rombo orçamentário deixado pelo antecessor, cortar gastos desnecessários, decidir onde melhor investir os recursos públicos, fazer os mais ricos pagarem impostos e por aí afora.

Nada muito distante da realidade de qualquer prefeito, governador ou presidente da República.

A diferença é que o prefeito Graciliano Ramos incorporava o futuro escritor Graciliano Ramos na hora de escrever os relatórios nada burocráticos, quase literários, que encaminhava ao Conselho Municipal de Palmeira dos Índios e ao Governo de Alagoas.

Mesmo indignado com a ineficiência da máquina pública, o calote dos mais ricos, o arrocho sobre os mais pobres, os contratos assinados às escuras, a má utilização dos impostos pagos pelo contribuinte e o orçamento sempre apertado, ele não abria mão do bom humor.

Num dos relatórios reunidos neste livro, o prefeito Graciliano justifica de maneira original a destinação dos escassos recursos do município:

> Pensei em construir um novo cemitério, pois o que temos dentro em pouco será insuficiente, mas os trabalhos a que me aventurei, necessários aos vivos, não me permitiram a execução de uma obra, embora útil, prorrogável. Os mortos esperarão mais algum tempo. São os munícipes que não reclamam.

No outro relatório, reclama dos valores elevados e dos maus serviços prestados pela companhia de luz, empresa privada que foi contratada pelo prefeito anterior:

> Apesar de ser o negócio referente à claridade, julgo que assinaram aquilo [o contrato] às escuras. É um *bluff*. Pagamos até a luz que a lua nos dá.

Graciliano se queixa também dos ex-prefeitos que não investiram em manutenção e deixaram as estradas em péssimas condições:

> O caminho que vai a Quebrangulo, por exemplo, [...] tem lugares que só podem ser transitados por automóvel Ford e por lagartixa.

Ele mantém o bom humor mesmo quando relata os obstáculos e as ameaças sofridas:

> [...] encontrei obstáculos dentro da Prefeitura e fora dela — dentro, uma resistência mole, suave, de algodão em rama; fora, uma campanha sorna, oblíqua, carregada de bílis. Pensavam uns que tudo ia bem nas mãos de Nosso Senhor, que administra melhor do que todos nós; outros me davam três meses para levar um tiro.

Ironias à parte, o Graciliano Ramos que emerge destas páginas é o gestor público empenhado em manter a responsabilidade fiscal, mas ao mesmo tempo cuidar de toda a população, sobretudo dos mais pobres.

Em várias passagens, ele expõe sua revolta com as desigualdades. A certa altura, descreve uma das maneiras que escolheu para combatê-las:

> [...] cada um dos membros desta respeitável classe [os mais ricos] acha que os impostos devem ser pagos pelos

outros. [...] Fiz apenas isto: extingui favores largamente concedidos a pessoas que não precisavam deles e pus termo às extorsões que afligiam os matutos de pequeno valor, ordinariamente raspados, escorchados, esbrugados pelos exatores.

Ou seja, a obra-prima do prefeito Graciliano Ramos foi colocar os pobres no orçamento e os ricos no imposto de renda.

LUIZ INÁCIO LULA DA SILVA
Presidente da República Federativa do Brasil

RELATÓRIOS

RELATÓRIO QUE APRESENTA AO CONSELHO MUNICIPAL O PREFEITO DE PALMEIRA DOS ÍNDIOS

Senhores membros do Conselho Municipal de Palmeira:

No dia 7 de janeiro entregaram-me a quantia de 105$860, superior em dois réis à importância registrada à folha 180 do livro-caixa e que era, segundo me afirmaram, o saldo existente nos cofres da Palmeira.

Como, na sessão passada, não haja o Conselho examinado as contas do meu antecessor, julgo que as irá examinar agora, juntamente com as minhas. Peço-lhe, pois, a verificação dos livros aqui existentes, os que encontrei quando entrei em exercício e os que, para facilitar o serviço, julguei útil adotar. É de conveniência uma análise rigorosa neles.

Arrecadei, de 7 de janeiro a 17 de março, 15:643$200, conforme se vê no registro para a receita, que tem inscritas as seguintes verbas: Licenças para estabelecimentos — 841$500; Décima urbana — 464$200; Carnes verdes — 4:252$000; Pesos e medidas — 2:840$000; Artífices não coletados pelo Estado — 10$000; Cercas e alicerces — 17$000; Vendedores ambulantes — 210$000; Feiras — 4:004$300; Bazares e botequins em festas — 103$000; Serviços domésticos — 70$000; Vendedores de leite — 10$000; Construção e reconstrução — 55$000; Vendedores de doce — 40$000; Terras do Estado (nº 1) — 530$000; Terras do Estado (nº 2) — 761$100; Depósitos de inflamáveis — 200$000; Bilhares — 100$000; Cemitério — 89$000; Aluguel de medidas — 649$100; Taxa sanitária — 126$000; Casas para fabricar farinha — 50$000; Multas — 221$000.

O registro para a despesa mostra que saíram 6:254$611, despendidos desta forma: Poder legislativo — 283$164; Administração municipal — 1:898$775; Arrecadação das rendas — 1:352$195; Iluminação pública — 1:412$000; Obras públicas — 25$000; Limpeza pública — 468$280; Cemitério — 30$000; Gratificações ao delegado de polícia, ao oficial de justiça, aos escrivães do júri, do cível e da polícia — 309$997; Filarmônica 16 de Setembro — 268$000; Despesas não especificadas no orçamento — 207$200.

Como na Prefeitura não há tesoureiro, depositei no Banco Popular e Agrícola de Palmeira, em conta-corrente limitada, a juro de 6% ao ano, 8:108$310. Está em poder do secretário a quantia de 1:431$137, correspondente à diferença que existe entre a receita e a despesa, menos a importância depositada no banco, mais 105$858, saldo do exercício passado, mais 45$000 relativos a seis dias de subsídio do mês de janeiro, quantia que recebi a 1º de fevereiro e restituí no dia 7, por já haver sido paga ao meu antecessor.

Pela relação que apresento verifica-se que foram gastos 207$200 sem autorização do poder legislativo. É que mandei fazer 25 medidas de cinco litros a 5$000 cada uma; mandei consertar 37 medidas imprestáveis e paguei 45$000 pelo conserto; comprei, para aferição de pesos e medidas, arame e chumbo na importância de 37$200. Foram despesas que não pude encaixar em nenhuma das verbas orçadas e que fui obrigado a fazer, para não prejudicar a aferição e o aluguel das medidas.

A soma destinada à administração é fantástica — 11$600$000 num orçamento de 50:000$000. Acrescentem-se 9:480$000 para iluminação; 1:860$000 para a gente da polícia e da justiça; 1:800$000 para o poder legislativo; 4:600$000 para a arrecadação; 2:000$000 para uma banda de música — e lá se vão mais de trinta contos gastos sem uma varredela nas ruas, um golpe de picareta nas estradas, um professor, mesmo ruim, na Brecha ou no Anum. Sem contar que o orçamento marca para a fiscalização

2:400$000, o que é insuficiente. Não posso gastar com a fiscalização menos de 4:000$000, porque necessito dois fiscais que não tenham ocupações além das que lhes dou, um na cidade, outro eternamente trepado num burro, percorrendo o município. E há poucos idiotas que se prestem a trabalhar de graça. Também a verba destinada à arrecadação das rendas é exígua. O orçamento manda dar aos agentes arrecadadores quinze por cento na cobrança do foro das terras, e dez por cento na cobrança dos impostos. Dos recebimentos feitos na zona urbana pago dez por cento, mas ninguém quer receber tão pouco trabalhando nos campos. Uma viagem a Cacimbinhas custa aí coisa de 10$000 para 12$000 a um agente que não tenha cavalo. A arrecadação lá tem rendido em média 51$133 por semana. Não acho quem de boa vontade vá lá semanalmente para receber cinco mil-réis. Mesmo pagando quinze por cento, tenho dificuldade em fazer a arrecadação em certas regiões distantes, de rendimento escasso. Os agentes obedecem constrangidos, e necessito dar-lhes trabalhos mais bem remunerados para cobrir os prejuízos que eles sofrem.

Nada tenho despendido com estradas, obras públicas e instrução, porque tenciono empregar nelas o que sobrar dos gastos ordinários e quero evitar serviços que, por falta de numerário, possam vir a ser interrompidos.

Consegui salvar em setenta dias 9:539$447. É pouco. Entretanto fiz esforço imenso para acumular soma tão magra, para impedir que ela escorregasse de cá: suprimi despesas e descontentei bons amigos e compadres que me fizeram pedidos.

De resto preciso efetuar uma economia considerável, não só para custear as despesas como para fazer face à dívida que a administração passada me legou. Esse pesadelo, que a mensagem de meu antecessor diz ser de 4:900$000, é na realidade maior, pois só à empresa fornecedora de luz a Prefeitura deve para cima de cinco contos. Além disso têm-me aparecido vários credores trazendo contas de aluguel de casas, fornecimento de foguetes etc., contas que o Conselho dirá se deverão ser pagas.

Acho absurdo despender um município que até agora nada gastou com a instrução 2:000$000 para manter uma banda de música. Dois contos de réis em letra de forma: os dispêndios têm sido maiores. Chamo a atenção do Conselho para o lançamento que existe à folha 179 do livro-caixa, com data de 4 de janeiro: "Importância paga a Manoel Orígenes para fornecimento de 23 fardamentos para a banda de música municipal — 1:152$000". A despesa não foi autorizada, os fardamentos não foram entregues.

Desejo que o Conselho me diga se os dinheiros públicos estão bem no Banco Popular e Agrícola de Palmeira.[1]

Em alguns impostos a quantia que arrecadei excede a importância orçada; em outros, aproxima-se dela. Tentei um confronto entre a arrecadação efetuada nos primeiros meses deste ano e a dos últimos do ano passado; não o fiz por se não achar escriturada no Caixa a receita correspondente ao mês de dezembro.

Não há listas dos devedores da municipalidade: a cobrança das contas atrasadas é impossível. De resto o contribuinte, que se desempenha bem para com a repartição estadual e a federal, está habituado a pagar à Prefeitura se quer, como quer e quando quer.

Isto se explica pelo fato de sermos todos, prefeitos, conselheiros e contribuintes, mais ou menos compadres.

Aí está, em traços largos, o estado em que se encontra a administração de Palmeira dos Índios.

Palmeira, 19 de março de 1928
GRACILIANO RAMOS

Documento datado de 19 de março de 1928, pertencente ao Arquivo Público de Alagoas (caixa 5785), composto de três páginas datilografadas e corrigidas pelo próprio prefeito. Ao fim dele, têm-se a assinatura de Graciliano Ramos e o visto da Comissão de Fazenda e Contas do município de Palmeira dos Índios inserido no 21 do mesmo mês.[2]

ESTADO DE ALAGOAS

Prefeitura Municipal de Palmeira dos Índios

RELATÓRIO

— AO —

GOVERNADOR DO ESTADO DE ALAGOAS

Imprensa Oficial — MACEIÓ
1929

PREFEITURA MUNICIPAL DE
PALMEIRA DOS ÍNDIOS

RELATÓRIO

ao Governo do Estado de Alagoas

Exmo. Sr. Governador:

Trago a V. Exa. um resumo dos trabalhos realizados pela
Prefeitura de Palmeira dos Índios em 1928.

Não foram muitos, que os nossos recursos são exíguos.
Assim minguados, entretanto, quase insensíveis ao obser-
vador afastado, que desconheça as condições em que o
Município se achava, muito me custaram.

COMEÇOS

O principal, o que sem demora iniciei, o de que depen-
diam todos os outros, segundo creio, foi estabelecer alguma
ordem na administração.

Havia em Palmeira inúmeros prefeitos: os cobradores
de impostos, o comandante do destacamento, os soldados,

outros que desejassem administrar. Cada pedaço do Município tinha a sua administração particular, com prefeitos coronéis e prefeitos inspetores de quarteirões. Os fiscais, esses, resolviam questões de polícia e advogavam.

Para que semelhante anomalia desaparecesse lutei com tenacidade e encontrei obstáculos dentro da Prefeitura e fora dela — dentro, uma resistência mole, suave, de algodão em rama; fora, uma campanha sorna, oblíqua, carregada de bílis. Pensavam uns que tudo ia bem nas mãos de Nosso Senhor, que administra melhor do que todos nós; outros me davam três meses para levar um tiro.

Dos funcionários que encontrei em janeiro do ano passado restam poucos: saíram os que faziam política e os que não faziam coisa nenhuma. Os atuais não se metem onde não são necessários, cumprem as suas obrigações e, sobretudo, não se enganam em contas. Devo muito a eles.

Não sei se a administração do Município é boa ou ruim. Talvez pudesse ser pior.

RECEITA E DESPESA

A receita, orçada em 50:000$000, subiu, apesar de o ano ter sido péssimo, a 71:649$290, que não foram sempre bem aplicados por dois motivos: porque não me gabo de empregar dinheiro com inteligência e porque fiz despesas que não faria se elas não estivessem determinadas no orçamento.

PODER LEGISLATIVO

Despendi com o poder legislativo 1:616$484 — pagamento a dois secretários, um que trabalha, outro aposentado, telegramas, papel, selos.

ILUMINAÇÃO

A iluminação da cidade custou 8:921$800. Se é muito, a culpa não é minha: é de quem fez o contrato com a empresa fornecedora de luz.

OBRAS PÚBLICAS

Gastei com obras públicas 2:908$350, que serviram para construir um muro no edifício da Prefeitura, aumentar e pintar o açougue público, arranjar outro açougue para gado miúdo, reparar as ruas esburacadas, desviar as águas que, em épocas de trovoadas, inundavam a cidade, melhorar o curral do matadouro e comprar ferramentas. Adquiri picaretas, pás, enxadas, martelos, marrões, marretas, carros para aterro, aço para brocas, alavancas etc. Montei uma pequena oficina para consertar os utensílios estragados.

EVENTUAIS

Houve 1:069$700 de despesas eventuais: feitio e conserto de medidas, materiais para aferição, placas.

724$000 foram-se para uniformizar as medidas pertencentes ao Município. Os litros aqui tinham mil e quatrocentos gramas. Em algumas aldeias subiam, em outras desciam. Os negociantes de cal usavam caixões de querosene e caixões de sabão, a que arrancavam tábuas, para enganar o comprador. Fui descaradamente roubado em compras de cal para os trabalhos públicos.

CEMITÉRIO

No cemitério enterrei 189$000 — pagamento ao coveiro e conservação.

ESCOLA DE MÚSICA

A Filarmônica 16 de Setembro consumiu 1:990$660 — ordenado de um mestre, aluguel de casa, material, luz.

FUNCIONÁRIOS DA JUSTIÇA E DA POLÍCIA

Os escrivães do júri, do cível e da polícia, o delegado e os oficiais de justiça levaram 1:843$314.

ADMINISTRAÇÃO

A administração municipal absorveu 11:457$497 — vencimentos do prefeito, de dois secretários (um efetivo, outro aposentado), de dois fiscais, de um servente; impressão de recibos, publicações, assinatura de jornais, livros, objetos necessários à secretaria, telegramas.

Relativamente à quantia orçada, os telegramas custaram pouco. De ordinário vai para eles dinheiro considerável. Não há vereda aberta pelos matutos, forçados pelos inspetores, que prefeitura do interior não ponha no arame, proclamando que a coisa foi feita por ela; comunicam-se as datas históricas ao governo do Estado, que não precisa disso; todos os acontecimentos políticos são badalados. Porque se derrubou a Bastilha — um telegrama; porque se deitou uma pedra na rua — um telegrama; porque o deputado F. esticou a canela — um telegrama. Dispêndio inútil. Toda a gente sabe que isto por aqui vai bem, que o deputado morreu, que nós choramos e que em 1556 D. Pero Sardinha foi comido pelos caetés.

ARRECADAÇÃO

As despesas com a cobrança dos impostos montaram a 5:602$244. Foram altas porque os devedores são cabeçudos. Eu disse ao Conselho, em relatório, que aqui os contribuintes pagam ao Município se querem, quando querem e como querem.

Chamei um advogado e tenho seis agentes encarregados da arrecadação, muito penosa. O Município é pobre e demasiado grande para a população que tem, reduzida por causa das secas continuadas.

LIMPEZA PÚBLICA — ESTRADAS

No orçamento limpeza pública e estradas incluíram-se numa só rubrica. Consumiram 25:111$152.

Cuidei bastante da limpeza pública. As ruas estão varridas; retirei da cidade o lixo acumulado pelas gerações que por aqui passaram; incinerei monturos imensos, que a Prefeitura não tinha suficientes recursos para remover.

Houve lamúrias e reclamações por se haver mexido no cisco preciosamente guardado em fundos de quintais; lamúrias, reclamações e ameaças porque mandei matar algumas centenas de cães vagabundos; lamúrias, reclamações, ameaças, guinchos, berros e coices dos fazendeiros que criavam bichos nas praças.

POSTO DE HIGIENE

Em falta de verba especial, inseri entre os dispêndios realizados com a limpeza pública os relativos à profilaxia do Município.

Contratei com o dr. Leorne Menescal, chefe do Serviço de Saneamento Rural, a instalação de um posto de higiene, que, sob a direção do dr. Hebreliano Wanderley, tem sido de grande utilidade à nossa gente.

VIAÇÃO

Consertei as estradas de Quebrangulo, da Porcina, de Olhos d'Água aos limites de Limoeiro, na direção de Cana Brava.

Foram reparos sem grande importância e que apenas menciono para que esta exposição não fique incompleta. Faltam-nos recursos para longos tratos de rodovias, e quaisquer modificações em caminhos estreitos, íngremes, percorridos por animais e veículos de tração animal, depressa desaparecem. É necessário que se esteja sempre a renová-las, pois as enxurradas levam num dia o trabalho de meses e os carros de bois escangalham o que as chuvas deixam.

Os empreendimentos mais sérios a que me aventurei foram a estrada de Palmeira de Fora e o terrapleno da Lagoa.

ESTRADA DE PALMEIRA DE FORA

Tem oito metros de largura e, para que não ficasse estreita em uns pontos, larga em outros, uma parte dela foi aberta em pedra.

Fiz cortes profundos, aterros consideráveis, valetas e passagens transversais para as águas que descem dos montes.

Cerca de vinte homens trabalharam nela quase cinco meses.

Parece-me que é uma estrada razoável. Custou 5:049$400.

Tenciono prolongá-la à fronteira de Sant'Ana do Ipanema, não nas condições em que está, que as rendas do Município me não permitiriam obra de tal vulto.

OUTRA ESTRADA

Como, a fim de não inutilizar-se em pouco tempo, a estrada de Palmeira de Fora se destine exclusivamente a pedestres e a automóveis, abri outra paralela ao trânsito de animais.

TERRAPLENO DA LAGOA

O espaço que separa a cidade do bairro da Lagoa era uma coelheira imensa, um vasto acampamento de tatus, qualquer coisa deste gênero.

Buraco por toda a parte. O aterro que lá existiu, feito na administração do prefeito Francisco Cavalcante, quase que havia desaparecido.

Em um dos lados do caminho abria-se uma larga fenda com profundidade que variava de três para cinco metros.

A água das chuvas, impetuosa em virtude da inclinação do terreno, transformava-se ali em verdadeira torrente, o que aumentava a cavidade e ocasionava sério perigo aos transeuntes. Além disso outras aberturas se iam formando, os invernos cavavam galerias subterrâneas, e aquilo era inacessível a veículo de qualquer espécie.

Empreendi aterrar e empedrar o caminho, mas reconheci que o solo não fendido era inconsistente: debaixo de uma tênue camada de terra de aluvião, que uma estacada sustentava, encontrei lixo. Retirei o lixo, para preparar o terreno e para evitar fosse um monturo banhado por água que logo entrava em um riacho de serventia pública. Quase todos os trabalhadores adoeceram.

Estou fazendo dois muros de alvenaria, extensos, espessos e altos, para suportar o aterro. Dei à estrada nove metros de largura. Os trabalhos vão adiantados.

Durante meses mataram-me o bicho do ouvido com reclamações de toda a ordem contra o abandono em que se deixava a melhor entrada para a cidade. Chegaram lá pedreiros — outras reclamações surgiram, porque as obras irão custar um horror de contos de réis, dizem.

Custarão alguns, provavelmente. Não tanto quanto as pirâmides do Egito, contudo. O que a Prefeitura arrecada basta para que não nos resignemos às modestas tarefas de varrer as ruas e matar cachorros.

Até agora as despesas com os serviços da Lagoa sobem a 14:418$627.

Convenho em que o dinheiro do povo poderia ser mais útil se estivesse nas mãos, ou nos bolsos, de outro menos incompetente do que eu; em todo o caso, transformando-o em pedra, cal, cimento etc., sempre procedo melhor que se o distribuísse com os meus parentes, que necessitam, coitados.

(Os gastos com a estrada de Palmeira de Fora e com o terrapleno estão, naturalmente, incluídos nos 25:111$152 já mencionados.)

DINHEIRO EXISTENTE

Deduzindo-se da receita a despesa e acrescentando-se 105$858 que a administração passada me deixou, verifica-se um saldo de 11:044$947.

40$897 estão em caixa e 11:004$050 depositados no Banco Popular e Agrícola de Palmeira. O Conselho autorizou-me a fazer o depósito.

Devo dizer que não pertenço ao banco nem tenho lá interesse de nenhuma espécie. A Prefeitura ganhou: livrou-se de um tesoureiro, que apenas serviria para assinar as folhas e embolsar o ordenado, pois no interior os tesoureiros não fazem outra coisa, e teve 615$050 de juros.

Os 40$897 estão em poder do secretário, que guarda o dinheiro até que ele seja colocado naquele estabelecimento de crédito.

LEIS MUNICIPAIS

Em janeiro do ano passado não achei no Município nada que se parecesse com lei, fora as que havia na tradição oral, anacrônicas, do tempo das candeias de azeite.

Constava a existência de um código municipal, coisa inatingível e obscura. Procurei, rebusquei, esquadrinhei, estive quase a recorrer ao espiritismo, convenci-me de que o código era uma espécie de lobisomem.

Afinal, em fevereiro, o secretário descobriu-o entre papéis do Império. Era um delgado volume impresso em 1865, encardido e dilacerado, de folhas soltas, com aparência de primeiro livro de leitura do Abílio Borges. Um furo. Encontrei no folheto algumas leis, aliás bem redigidas, e muito sebo.

Com elas e com outras que nos dá a Divina Providência consegui aguentar-me, até que o Conselho, em agosto, votou o código atual.

CONCLUSÃO

Procurei sempre os caminhos mais curtos. Nas estradas que se abriram só há curvas onde as retas foram inteiramente impossíveis.

Evitei emaranhar-me em teias de aranha.

Certos indivíduos, não sei por quê, imaginam que devem ser consultados; outros se julgam com autoridade bastante para dizer aos contribuintes que não paguem impostos.

Não me entendi com esses.

Há quem ache tudo ruim, e ria constrangidamente, e escreva cartas anônimas, e adoeça, e se morda por não ver a infalível maroteirazinha, a abençoada canalhice, preciosa para quem a pratica, mais preciosa ainda para os que dela se servem como assunto invariável; há quem não compreenda que um ato administrativo seja isento da ideia de lucro pessoal; há até quem pretenda embaraçar-me em coisa tão simples como mandar quebrar as pedras dos caminhos.

Fechei os ouvidos, deixei gritarem, arrecadei 1:325$500 de multas.

Não favoreci ninguém. Devo ter cometido numerosos disparates. Todos os meus erros, porém, foram erros da inteligência, que é fraca.

Perdi vários amigos, ou indivíduos que possam ter semelhante nome.

Não me fizeram falta.

Há descontentamento. Se a minha estada na Prefeitura por estes dois anos dependesse de um plebiscito, talvez eu não obtivesse dez votos. Paz e prosperidade.

Palmeira dos Índios, 10 de janeiro de 1929

GRACILIANO RAMOS

Documento publicado no *Diário Oficial de Alagoas*, Maceió, ano XVIII, n. 4737, p. 2-3, e como uma brochura, com o título *Relatório ao Governador do Estado de Alagoas*, pela Imprensa Oficial de Alagoas, Maceió, 1929, 11 p.

PREFEITURA MUNICIPAL DE PALMEIRA DOS ÍNDIOS

BALANÇO (Exercício de 1928)

	Receita	Despesa
Licenças para estabelecimentos	9:265$000	
Décima urbana	4:914$040	
Carnes verdes	18:742$000	
Pesos e medidas	4:250$000	
Oficina e artistas	210$000	
Cercas e alicerces	204$000	
Vendedores ambulantes	410$000	
Feiras	16:780$100	
Veículos	380$000	
Depósitos de inflamáveis	450$000	
Bazares e botequins em festas	399$000	
Construção e reconstrução	210$000	
Serviço doméstico	180$000	
Torcedores de cana	10$000	
Vendedores de leite	20$000	
Vendedores de doce	40$000	
Terras do Estado	6: 491$100	
Bilhares	100$000	
Aluguel de medidas	3:101$800	
Cemitério	340$000	
Taxa sanitária	282$000	
Biqueiras	316$600	
Cartas de *chauffeurs*	150$000	
Divertimentos públicos	150$000	
Placas para veículos	120$000	
Casas de farinha	625$000	
Compradores de madeira	500$000	
Restituições	68$100	
Eventuais	615$050	
Multas	1:825$500	

	Receita	Despesa
Poder legislativo		1:616$484
Administração municipal		11:457$497
Arrecadação das rendas		5:602$244
Iluminação pública		8:921$800
Obras públicas		2:908$350
Limpeza pública e estradas		25:111$152
Cemitério		189$000
Gratificações		1:843$314
Filarmônica 16 de Setembro		1:990$660
Eventuais		1:069$700
Saldo		10:939$089
	71:649$290	71:649$290

Saldo	10:939$089
Saldo do exercício anterior	105$858
	11:044$947

No Banco Popular e Agrícola de Palmeira	11:004$050
Em caixa	40$897
	11:044$947

Palmeira, 3 de janeiro de 1929

MARÇAL JOSÉ OLIVEIRA
Secretário

Visto. — Palmeira, 8 de janeiro, 1929

GRACILIANO RAMOS

Documento que consta ao fim da brochura *Relatório ao Governador do Estado de Alagoas*, Maceió: Imprensa Oficial de Alagoas, 1929, p. 10-11.

REPÚBLICA DOS ESTADOS UNIDOS DO BRASIL

ESTADO DE ALAGOAS

2º
RELATÓRIO

Ao Sr. Governador Álvaro Paes
— PELO —

**PREFEITO DO MUNICÍPIO DE
PALMEIRA DOS ÍNDIOS**

GRACILIANO RAMOS

Imprensa Oficial — MACEIÓ
1930

PREFEITURA MUNICIPAL DE PALMEIRA DOS ÍNDIOS

2º RELATÓRIO AO GOVERNADOR DO ESTADO DE ALAGOAS

Governo do Estado
Administração do Exmo. Sr. Álvaro Correa Paes
Gabinete do Governador

Prefeitura Municipal de Palmeira dos Índios. — Relatório ao Governador de Alagoas. — Sr. Governador: — Esta exposição é talvez desnecessária. O balanço que remeto a V. Exa. mostra bem de que modo foi gasto em 1929 o dinheiro da Prefeitura Municipal de Palmeira dos Índios. E nas contas regularmente publicadas há pormenores abundantes, minudências que excitaram o espanto benévolo da imprensa.

Isto é, pois, uma reprodução de fatos que já narrei, com algarismos e prosa de guarda-livros, em numerosos balancetes e nas relações que os acompanharam.

RECEITA — 96:924$985

No orçamento do ano passado houve supressão de várias taxas que existiam em 1928. A receita, entretanto, calculada em 68:850$000, atingiu 96:924$985.

E não empreguei rigores excessivos. Fiz apenas isto: extingui favores largamente concedidos a pessoas que não precisavam deles e pus termo às extorsões que afligiam os matutos de pequeno valor, ordinariamente raspados, escorchados, esbrugados pelos exatores.

Não me resolveria, é claro, a pôr em prática no segundo ano de administração a equidade que torna o imposto suportável. Adotei-a logo no começo. A receita em 1928 cresceu bastante. E se não chegou à soma agora alcançada, é que me foram indispensáveis alguns meses para corrigir irregularidades muito sérias, prejudiciais à arrecadação.

DESPESA — 105:465$613

Utilizei parte das sobras existentes no primeiro balanço.

ADMINISTRAÇÃO — 22:667$748

Figuram 7:034$558 despendidos com a cobrança das rendas, 3:518$000 com a fiscalização e 2:400$000 pagos a um funcionário aposentado. Tenho seis cobradores, dois fiscais e um secretário.

Todos são mal remunerados.

GRATIFICAÇÕES — 1:560$000

Estão reduzidas.

CEMITÉRIO — 243$000

Pensei em construir um novo cemitério, pois o que temos dentro em pouco será insuficiente, mas os trabalhos a que me aventurei, necessários aos vivos, não me permitiram a execução de uma obra, embora útil, prorrogável. Os mortos esperarão mais algum tempo. São os munícipes que não reclamam.

ILUMINAÇÃO — 7:800$000

A Prefeitura foi intrujada quando, em 1920, aqui se firmou um contrato para o fornecimento de luz. Apesar de ser o negócio referente à claridade, julgo que assinaram aquilo às escuras. É um *bluff*. Pagamos até a luz que a lua nos dá.

HIGIENE — 8:454$190

O estado sanitário é bom. O posto de higiene, instalado em 1928, presta serviços consideráveis à população. Cães, porcos e outros bichos incômodos não tornaram a aparecer nas ruas. A cidade está limpa.

INSTRUÇÃO — 2:886$180

Instituíram-se escolas em três aldeias: Serra da Mandioca, Anum e Canafístula. O Conselho mandou subvencionar uma sociedade aqui fundada por operários, sociedade que se dedica à educação de adultos.

Presumo que esses estabelecimentos são de eficiência contestável. As aspirantes a professoras revelaram, com admirável unanimidade, uma lastimosa ignorância. Escolhidas algumas delas, as escolas entraram a funcionar regularmente, como as outras.

Não creio que os alunos aprendam ali grande coisa. Obterão, contudo, a habilidade precisa para ler jornais e almanaques, discutir política e decorar sonetos, passatempos acessíveis a quase todos os roceiros.

UMA DÍVIDA ANTIGA — 5:210$000

Entregaram-me, quando entrei em exercício, 105$858 para saldar várias contas, entre elas uma de 5:210$000, relativa a mais de um semestre que deixaram de pagar à empresa fornecedora de luz.

VIAÇÃO E OBRAS PÚBLICAS — 56:644$495

Os gastos com viação e obras públicas foram excessivos. Lamento, entretanto, não me haver sido possível gastar mais. Infelizmente a nossa pobreza é grande. E ainda que elevemos a receita ao dobro da importância que ela ordinariamente alcançava, e economizemos com avareza, muito nos falta realizar. Está visto que me não preocupei com todas as obras exigidas. Escolhi as mais urgentes.

Fiz reparos nas propriedades do Município, remendei as ruas e cuidei especialmente de viação.

Possuímos uma teia de aranha de veredas muito pitorescas, que se torcem em curvas caprichosas, sobem montes e descem vales de maneira incrível. O caminho que vai a Quebrangulo, por exemplo, original produto de engenharia tupi, tem lugares que só podem ser transitados por automóvel Ford e por lagartixa. Sempre me pareceu lamentável desperdício consertar semelhante porcaria.

ESTRADA PALMEIRA A SANT'ANA

Abandonei as trilhas dos caetés e procurei saber o preço duma estrada que fosse ter a Sant'Ana do Ipanema. Os peritos responderam que ela custaria aí uns seiscentos mil-réis ou sessenta contos. Decidi optar pela despesa avultada.

Os seiscentos mil-réis ficariam perdidos entre os barrancos que enfeitam um caminho atribuído ao defunto Delmiro Gouveia e que o Estado pagou com liberalidade; os sessenta contos, caso eu os pudesse arrancar ao povo, não serviriam talvez ao contribuinte, que, apertado pelos cobradores, diz sempre não ter encomendado obras públicas, mas a alguém haveriam de servir. Comecei os trabalhos em janeiro. Estão prontos vinte e cinco quilômetros. Gastei 26:817$930.

TERRAPLENO DA LAGOA

Este absurdo, este sonho de louco, na opinião de três ou quatro sujeitos que sabem tudo, foi concluído há meses.

Aquilo, que era uma furna lôbrega, tem agora, terminado o aterro, um declive suave. Fiz uma galeria para o escoamento das águas. O pântano que ali havia, cheio de lixo, excelente para a cultura de mosquitos, desapareceu. Deitei sobre as muralhas duas balaustradas de cimento armado. Não há perigo de se despenhar um automóvel lá de cima.

O plano que os técnicos indígenas consideravam impraticável era muito mais modesto.

Os gastos em 1929 montaram a 24:391$925.

SALDO — 2:504$319

Adicionando-se à receita o saldo existente no balanço passado e subtraindo-se a despesa, temos 2:504$319.

2:365$969 estão em caixa e 138$350 depositados no Banco Popular e Agrícola de Palmeira.

PRODUÇÃO

Dos administradores que me precederam uns dedicaram-se a obras urbanas; outros, inimigos de inovações, não se dedicaram a nada.

Nenhum, creio eu, chegou a trabalhar nos subúrbios.

Encontrei em decadência regiões outrora prósperas; terras aráveis entregues a animais, que nelas viviam quase em estado selvagem. A população minguada, ou emigrava para o sul do País oü se fixava nos municípios vizinhos, nos povoados que nasciam perto das fronteiras e que eram para nós umas sanguessugas. Vegetavam em lastimável abandono alguns agregados humanos.

E o palmeirense afirmava, convicto, que isto era a princesa do sertão. Uma princesa, vá lá, mas princesa muito nua, muito madraça, muito suja e muito escavacada.

Favoreci a agricultura livrando-a dos bichos criados à toa; ataquei as patifarias dos pequeninos senhores feudais, exploradores da canalha; suprimi, nas questões rurais, a presença de certos intermediários, que estragavam tudo; facilitei o transporte; estimulei as relações entre o produtor e o consumidor.

Estabeleci feiras em cinco aldeias: 1:156$750 foram-se em reparos nas ruas de Palmeira de Fora.

Canafístula era um chiqueiro. Encontrei lá o ano passado mais de cem porcos misturados com gente. Nunca vi tanto porco.

Desapareceram. E a povoação está quase limpa. Tem mercado semanal, estrada de rodagem e uma escola.

MIUDEZAS

Não pretendo levar ao público a ideia de que os meus empreendimentos tenham vulto. Sei perfeitamente que são miuçalhas. Mas afinal existem. E, comparados a outros ainda menores, demonstraram que aqui pelo interior podem tentar-se coisas um pouco diferentes dessas invisíveis sem grande esforço de imaginação ou microscópio.

Quando iniciei a rodovia de Sant'Ana, a opinião de alguns munícipes era[1] que ela não prestava porque estava boa demais. Como se eles não a merecessem. E argumentavam. Se aquilo não era péssimo, com certeza sairia caro, não poderia ser executado pelo Município.

Agora mudaram de conversa. Os impostos cresceram, dizem. Ou as obras públicas de Palmeira dos Índios são pagas pelo Estado. Chegarei a convencer-me de que não fui eu que as realizei.

BONS COMPANHEIROS

Já estou convencido. Não fui eu, primeiramente porque o dinheiro despendido era do povo, em segundo lugar porque tornaram fácil a minha tarefa uns pobres homens que se esfalfam para não perder salários miseráveis.

Quase tudo foi feito por eles. Eu apenas teria tido o mérito de escolhê-los e vigiá-los, se nisto houvesse mérito.

MULTAS

Arrecadei mais de dois contos de réis de multas. Isto prova que as coisas não vão bem.

E não se esmerilharam contravenções. Pequeninas irregularidades passam despercebidas. As infrações que produziram soma considerável para um orçamento exíguo referem-se a prejuízos individuais e foram denunciadas pelas pessoas ofendidas, de ordinário gente miúda, habituada a sofrer a opressão dos que vão trepando.

Esforcei-me por não cometer injustiças. Isto não obstante, atiraram as multas contra mim como arma política. Com inabilidade infantil, de resto. Se eu deixasse em paz o proprietário que abre as cercas de um desgraçado agricultor e lhe transforma em pasto a lavoura, devia enforcar-me.

Sei bem que antigamente os agentes municipais eram zarolhos. Quando um infeliz se cansava de mendigar o que lhe pertencia, tomava uma resolução heroica: encomendava-se a Deus e ia à capital. E os prefeitos achavam razoável que os contraventores fossem punidos pelo sr. Secretário do Interior, por intermédio da polícia.

REFORMADORES

O esforço empregado para dar ao Município o necessário é vivamente combatido por alguns pregoeiros de métodos administrativos originais. Em conformidade com eles, deveríamos proceder sempre com a máxima condescendência, não onerar os camaradas, ser rigorosos apenas com os pobres-diabos sem proteção, diminuir a receita, reduzir a despesa aos vencimentos dos funcionários, que ninguém vive sem comer, deixar esse luxo de obras públicas à Federação, ao Estado ou, em falta destes, à Divina Providência.

Belo programa. Não se faria nada, para não descontentar os amigos: os amigos que pagam, os que administraram, os que hão de administrar. Seria ótimo. E existiria por preço baixo uma Prefeitura bode expiatório, magnífico assunto para *commérages* de lugar pequeno.

POBRE POVO SOFREDOR

É uma interessante classe de contribuintes, módica em número, mas bastante forte. Pertencem a ela negociantes, proprietários, industriais, agiotas que esfolam o próximo com juros de judeu.

Bem comido, bem bebido, o pobre povo sofredor quer escolas, quer luz, quer estradas, quer higiene. É exigente e resmungão.[2]

Como ninguém ignora que se não obtêm de graça as coisas exigidas, cada um dos membros desta respeitável classe acha que os impostos devem ser pagos pelos outros.

PROJETOS

Tenho vários, de execução duvidosa. Poderei concorrer para o aumento da produção e, consequentemente, da arrecadação. Mas umas semanas de chuva ou de estiagem arruínam as searas, desmantelam tudo — e os projetos morrem.

Iniciarei, se houver recursos, trabalhos urbanos.

Há pouco tempo, com a iluminação que temos, pérfida, dissimulavam-se nas ruas sérias ameaças à integridade das canelas imprudentes que por ali transitassem em noites de escuro.

Já uma rapariga aqui morreu afogada no enxurro. Uma senhora e uma criança, arrastadas por um dos rios que se formavam no centro da cidade, andaram rolando de cachoeira em cachoeira e danificaram na viagem braços, pernas, costelas e outros órgãos apreciáveis.

Julgo que, por enquanto, semelhantes perigos estão conjurados, mas dois meses de preguiça durante o inverno bastarão para que eles se renovem.

Empedrarei, se puder, algumas ruas.

Tenho também a ideia de iniciar a construção de açudes na zona sertaneja.

Mas para que semear promessas que não sei se darão frutos? Relatarei com pormenores os planos a que me referi quando eles estiverem executados, se isto acontecer.

Ficarei, porém, satisfeito se levar ao fim as obras que encetei. É uma pretensão moderada, realizável. Se se não realizar, o prejuízo não será grande.

O Município, que esperou dois anos, espera mais um. Mete na Prefeitura um sujeito hábil e vinga-se dizendo de mim cobras e lagartos.

Paz e prosperidade.

Palmeira dos Índios, 11 de janeiro de 1930

GRACILIANO RAMOS

Documento publicado no *Diário Oficial de Alagoas*, Maceió, ano XIX, n. 5018, p. 1-2, e como uma brochura, com o título *2º Relatório ao Sr. Governador Álvaro Paes pelo Prefeito do Município de Palmeira dos Índios, Graciliano Ramos*, pela Imprensa Oficial de Alagoas, Maceió, 1930, 9 p.

PREFEITURA MUNICIPAL DE PALMEIRA DOS ÍNDIOS

BALANÇO (Exercício de 1929)

Receita

Décima	7:622$280
Indústria e Comércio	15:206$000
Carnes verdes	23:442$000
Pesos e medidas	3:072$000
Feiras	25:281$400
Depósitos de inflamáveis	1:250$000
Localização de negociantes em ruas e praças	820$000
Veículos	510$000
Taxa sobre edifícios	1:640$250
Taxa de publicidade	60$000
Cercas e alinhamentos	694$400
Oficinas e artistas	1:125$000
Inumações e venda de sepulturas	461$000
Divertimentos	510$000
Construções e reconstruções	615$000
Negociantes ambulantes	1:475$000
Terras públicas	8:038$250
Emolumentos e multas	2:539$500
Placas	701$000
Restituições	851$230
Eventuais	1:010$655
	96:924$985
Saldo do exercício passado	11:044$947
	107:969$932

Despesa

Administração	22:667$748
Gratificações	1:560$000
Cemitério	243$000
Iluminação	7:800$000
Higiene	8:545$190
Instrução	2:886$180
Viação e obras públicas	56:644$495
Dívida	5:210$000
Saldo	2:504$819
	107:969$932
Saldo	2:504$819
Em caixa	2:365$969
No Banco Popular e Agrícola de Palmeira	138$350
	2:504$819

Palmeira dos Índios, 8 de janeiro de 1930
GRACILIANO RAMOS

NOTAS

Relatório que apresenta ao Conselho Municipal o prefeito de Palmeira dos Índios

1. Em continuidade a essa linha, tem-se o seguinte período riscado por Graciliano: "ou se os devo depositar em outro estabelecimento de crédito".
2. Publicado em: RAMOS, Graciliano. *Relatórios*. Organização de Mário Hélio Gomes de Lima. Rio de Janeiro: Record; Recife: Fundação de Cultura Cidade do Recife, 1994, p. 29-34.

2º Relatório ao Governador do Estado de Alagoas

1. Na primeira edição em livro, inseriu-se a preposição *de*: "era de que".
2. Na versão do *Diário Oficial*: "resmungante".

VIDA E OBRA DE GRACILIANO RAMOS

Cronologia

1892   Nasce a 27 de outubro em Quebrangulo, Alagoas.

1895   O pai, Sebastião Ramos, compra a Fazenda Pintadinho, em Buíque, no sertão de Pernambuco, e muda com a família. Com a seca, a criação não prospera e o pai acaba por abrir uma loja na vila.

1898   Primeiros exercícios de leitura.

1899   A família se muda para Viçosa, Alagoas.

1904   Publica o conto "Pequeno pedinte" em *O Dilúculo*, jornal do internato onde estudava.

1905   Muda-se para Maceió e passa a estudar no colégio Quinze de Março.

1906   Redige o periódico *Echo Viçosense*, que teve apenas dois números.

Publica sonetos na revista carioca *O Malho*, sob o pseudônimo Feliciano de Olivença.

68 | GRACILIANO RAMOS

1909   Passa a colaborar no *Jornal de Alagoas*, publicando o soneto "Céptico", como Almeida Cunha. Nesse jornal, publicou diversos textos com vários pseudônimos.

1910-1914   Cuida da casa comercial do pai em Palmeira dos Índios.

1914   Sai de Palmeira dos Índios no dia 16 de agosto, embarca no navio *Itassucê* para o Rio de Janeiro, no dia 27, com o amigo Joaquim Pinto da Mota Lima Filho. Entra para o *Correio da Manhã*, como revisor. Trabalha também nos jornais *A Tarde* e *O Século*, além de colaborar com os jornais *Paraíba do Sul* e *O Jornal de Alagoas* (cujos textos compõem a obra póstuma *Linhas tortas*).

1915   Retorna às pressas para Palmeira dos Índios. Os irmãos Otacílio, Leonor e Clodoaldo, e o sobrinho Heleno, morrem vítimas da epidemia da peste bubônica.

Casa-se com Maria Augusta de Barros, com quem tem quatro filhos: Márcio, Júnio, Múcio e Maria Augusta.

1917   Assume a loja de tecidos A Sincera.

1920   Morte de Maria Augusta, devido a complicações no parto.

1921   Passa a colaborar com o semanário *O Índio*, sob os pseudônimos J. Calisto e Anastácio Anacleto.

1925   Inicia *Caetés*, concluído em 1928, mas revisto várias vezes, até 1930.

1927   É eleito prefeito de Palmeira dos Índios.

1928   Toma posse do cargo de prefeito.

Casa-se com Heloísa Leite de Medeiros, com quem tem outros quatro filhos: Ricardo, Roberto, Luiza e Clara.

1929   Envia ao governador de Alagoas o relatório de prestação de contas do município. O relatório, pela sua qualidade literária, chega às mãos de Augusto Schmidt, editor, que procura Graciliano para saber se ele tem outros escritos que possam ser publicados.

1930   Publica artigos no *Jornal de Alagoas*.

Renuncia ao cargo de prefeito em 10 de abril.

Em maio, muda-se com a família para Maceió, onde é nomeado diretor da Imprensa Oficial de Alagoas.

1931   Demite-se do cargo de diretor.

1932   Escreve os primeiros capítulos de *S. Bernardo*.

1933   Publicação de *Caetés*.

Início de *Angústia*.

É nomeado diretor da Instrução Pública de Alagoas, cargo equivalente a Secretário Estadual de Educação.

1934   Publicação de *S. Bernardo*.

1936   Em março, é preso em Maceió e levado para o Rio de Janeiro.

Publicação de *Angústia*.

1937   É libertado no Rio de Janeiro.

Escreve *A terra dos meninos pelados*, que recebe o prêmio de Literatura Infantil do Ministério da Educação.

1938   Publicação de *Vidas secas*.

1939   É nomeado Inspetor Federal de Ensino Secundário do Rio de Janeiro.

1940   Traduz *Memórias de um negro*, do norte-americano Booker Washington.

1942   Publicação de *Brandão entre o mar e o amor*, romance em colaboração com Rachel de Queiroz, José Lins do Rego, Jorge Amado e Aníbal Machado, sendo a sua parte intitulada "Mário".

1944   Publicação de *Histórias de Alexandre*.

1945   Publicação de *Infância*.

Publicação de *Dois dedos*.

Filia-se ao Partido Comunista Brasileiro.

1946   Publicação de *Histórias incompletas*.

1947   Publicação de *Insônia*.

1950   Traduz o romance *A peste*, de Albert Camus.

1951   Torna-se presidente da Associação Brasileira de Escritores.

1952   Viaja pela União Soviética, Tchecoslováquia, França e Portugal.

1953   Morre no dia 20 de março, no Rio de Janeiro.

Publicação póstuma de *Memórias do cárcere*.

1954   Publicação de *Viagem*.

O PREFEITO ESCRITOR | 71

1962 Publicação de *Linhas tortas* e *Viventes das Alagoas.*

Vidas secas recebe o Prêmio da Fundação William Faulkner como o livro representativo da literatura brasileira contemporânea.

1980 Heloísa Ramos doa o Arquivo Graciliano Ramos ao Instituto de Estudos Brasileiros da Universidade de São Paulo, reunindo manuscritos, documentos pessoais, correspondência, fotografias, traduções e alguns livros.

Publicação de *Cartas.*

1992 Publicação de *Cartas de amor a Heloísa.*

Bibliografia de autoria de Graciliano Ramos

Caetés
Rio de Janeiro: Schmidt, 1933. 2ª ed. Rio de Janeiro: J. Olympio, 1947. 6ª ed. São Paulo: Martins, 1961. 11ª ed. Rio de Janeiro: Record, 1973. [35ª ed., 2021]

S. Bernardo
Rio de Janeiro: Ariel, 1934. 2ª ed. Rio de Janeiro: J. Olympio, 1938. 7ª ed. São Paulo: Martins, 1964. 24ª ed. Rio de Janeiro: Record, 1975. [110ª ed., 2024]

Angústia
Rio de Janeiro: J. Olympio, 1936. 8ª ed. São Paulo: Martins, 1961. 15ª ed. Rio de Janeiro: Record, 1975. [95ª ed., 2023]

Vidas secas
Rio de Janeiro: J. Olympio, 1938. 6ª ed. São Paulo: Martins, 1960. 34ª ed. Rio de Janeiro: Record, 1975. [165ª ed., 2024]

A terra dos meninos pelados
Ilustrações de Nelson Boeira Faedrich. Porto Alegre: Globo, 1939. 2ª ed. Rio de Janeiro: Instituto Estadual do Livro, INL, 1975. 4ª ed. Ilustrações de Floriano Teixeira. Rio de Janeiro: Record, 1981.

24ª ed. Ilustrações de Roger Mello. Rio de Janeiro: Record, 2000. 46º ed. [1ª ed. Galera Record] Ilustrações de Jean-Claude Ramos Alphen. Rio de Janeiro: Galera Record, 2014. [66ª ed., 2024]

Histórias de Alexandre
Ilustrações de Santa Rosa. Rio de Janeiro: Leitura, 1944. Ilustrações de André Neves. Rio de Janeiro: Record, 2007. [18ª ed., 2022]

Dois dedos
Ilustrações em madeira de Axel de Leskoschek. R. A., 1945. Conteúdo: Dois dedos, O relógio do hospital, Paulo, A prisão de J. Carmo Gomes, Silveira Pereira, Um pobre-diabo, Ciúmes, Minsk, Insônia, Um ladrão.

Infância (memórias)
Rio de Janeiro: J. Olympio, 1945. 5ª ed. São Paulo: Martins, 1961. 10ª ed. Rio de Janeiro: Record, 1975. [52ª ed., 2023]

Histórias incompletas
Rio de Janeiro: Globo, 1946. Conteúdo: Um ladrão, Luciana, Minsk, Cadeia, Festa, Baleia, Um incêndio, Chico Brabo, Um intervalo, Venta-romba.

Insônia
Rio de Janeiro: J. Olympio, 1947. 5ª ed. São Paulo: Martins, 1961. Ed. Crítica. São Paulo: Martins; Brasília: INL, 1973. 16ª ed. Rio de Janeiro: Record, 1980. [36ª ed., 2023]

Memórias do cárcere
Rio de Janeiro: J. Olympio, 1953. 4 v. Conteúdo: v. 1 Viagens; v. 2 Pavilhão dos primários; v. 3 Colônia correcional; v. 4 Casa de correção. 4ª ed. São Paulo: Martins, 1960. 2 v. 13ª ed. Rio de

Janeiro: Record, 1980. 2 v. Conteúdo: v. 1, pt. 1 Viagens; v. 1, pt. 2 Pavilhão dos primários; v. 2, pt. 3 Colônia correcional; v. 2, pt. 4 Casa de correção. [55ª ed., 2023]

Viagem
Rio de Janeiro: J. Olympio, 1954. 3ª ed. São Paulo: Martins, 1961. 10ª ed. Rio de Janeiro: Record, 1980. [22ª ed., 2022]

Contos e novelas (organizador)
Rio de Janeiro: Casa do Estudante do Brasil, 1957. 3 v. Conteúdo: v. 1 Norte e Nordeste; v. 2 Leste; v. 3 Sul e Centro-Oeste.

Linhas tortas
São Paulo: Martins, 1962. 3ª ed. Rio de Janeiro: Record; São Paulo: Martins, 1975. 280 p. 8ª ed. Rio de Janeiro: Record, 1980. [22ª ed., 2015]

Viventes das Alagoas: quadros e costumes do Nordeste
São Paulo: Martins, 1962. 5ª ed. Rio de Janeiro: Record, 1975. [19ª ed., 2007]

Alexandre e outros heróis
São Paulo: Martins, 1962. 16ª ed. Rio de Janeiro: Record, 1978. [65ª ed., 2023]

Cartas
Desenhos de Portinari... [et al.]; caricaturas de Augusto Rodrigues, Mendez, Alvarus. Rio de Janeiro: Record, 1980. [9ª ed., 2022]

O estribo de prata
Ilustrações de Floriano Teixeira. Rio de Janeiro: Record, 1984. (Coleção Abre-te Sésamo). 5ª ed. Ilustrações de Simone Matias. Rio de Janeiro: Galerinha Record, 2012.

Cartas de amor a Heloísa

Edição comemorativa do centenário de Graciliano Ramos. São Paulo: Secretaria Municipal de Cultura, 1992. 2ª ed. Rio de Janeiro: Record, 1992. [2ª ed., 1996]

Garranchos

Organização de Thiago Mio Salla. Rio de Janeiro: Record, 2012. [2ª ed., 2013]

Minsk

Ilustrações de Rosinha. Rio de Janeiro: Galera Record, 2013. [2ª ed., 2019]

Cangaços

Organização de Ieda Lebensztayn e Thiago Mio Salla. Rio de Janeiro: Record, 2014.

Conversas

Organização de Ieda Lebensztayn e Thiago Mio Salla. Rio de Janeiro: Record, 2014.

Pequena história da República

Rio de Janeiro: Record, 2020.

O antimodernista: Graciliano Ramos e 1922

Organização de Thiago Mio Salla e Ieda Lebensztayn. Rio de Janeiro: Record, 2022.

Antologias, entrevistas e obras em colaboração

CHAKER, Mustafá (Org.). *A literatura no Brasil*. Graciliano Ramos ... [et al.]. Kuwait: [s. n.], 1986. 293 p. Conteúdo: Dados biográficos de escritores brasileiros: Castro Alves, Joaquim de Souza Andrade, Carlos Drummond de Andrade, Vinicius de Moraes, Haroldo de Campos, Manuel Bandeira, Manuel de Macedo, José de Alencar, Graciliano Ramos, Cecília Meireles, Jorge Amado, Clarice Lispector e Zélia Gattai. Texto e título em árabe.

FONTES, Amando et al. *10 romancistas falam de seus personagens*. Amando Fontes, Cornélio Penna, Erico Verissimo, Graciliano Ramos, Jorge Amado, José Geraldo Vieira, José Lins do Rego, Lucio Cardoso, Octavio de Faria, Rachel de Queiroz; prefácio de Tristão de Athayde; ilustradores: Athos Bulcão, Augusto Rodrigues, Carlos Leão, Clóvis Graciano, Cornélio Penna, Luís Jardim, Santa Rosa. Rio de Janeiro: Edições Condé, 1946. 66 p., il., folhas soltas.

MACHADO, Aníbal M. et al. *Brandão entre o mar e o amor*. Romance por Aníbal M. Machado, Graciliano Ramos, Jorge Amado, José Lins do Rego e Rachel de Queiroz. São Paulo: Martins, 1942. 154 p. Título da parte de autoria de Graciliano Ramos: "Mário".

QUEIROZ, Rachel de. *Caminho de pedras*. Poesia de Manuel Bandeira; Estudo de Olívio Montenegro; Crônica de Graciliano Ramos. 10ª ed. Rio de Janeiro: J. Olympio, 1987. 96 p. Edição comemorativa do Jubileu de Ouro do Romance.

RAMOS, Graciliano. *Angústia 75 anos*. Edição comemorativa organizada por Elizabeth Ramos. 1ª ed. Rio de Janeiro: Record, 2011. 384 p.

RAMOS, Graciliano. *Coletânea*: seleção de textos. Rio de Janeiro: Civilização Brasileira; Brasília: INL, 1977. 315 p. (Coleção Fortuna Crítica, 2).

RAMOS, Graciliano. "Conversa com Graciliano Ramos". *Temário — Revista de Literatura e Arte*, Rio de Janeiro, v. 2, n. 4, p. 24-29, jan.-abr., 1952. "A entrevista foi conseguida desta forma: perguntas do suposto repórter e respostas literalmente dos romances e contos de Graciliano Ramos."

RAMOS, Graciliano. *Graciliano Ramos*. Coletânea organizada por Sônia Brayner. Rio de Janeiro: Civilização Brasileira; Brasília: INL, 1977. 316 p. (Coleção Fortuna Crítica, 2). Inclui bibliografia. Contém dados biográficos.

RAMOS, Graciliano. *Graciliano Ramos*. 1ª ed. Seleção de textos, notas, estudos biográfico, histórico e crítico e exercícios por: Vivina de Assis Viana. São Paulo: Abril Cultural, 1981. 111 p., il. (Literatura Comentada). Bibliografia: p. 110-111.

RAMOS, Graciliano. *Graciliano Ramos*. Seleção e prefácio de João Alves das Neves. Coimbra: Atlântida, 1963. 212 p. (Antologia do Conto Moderno).

RAMOS, Graciliano. *Graciliano Ramos*: trechos escolhidos. Por Antonio Candido. Rio de Janeiro: Agir, 1961. 99 p. (Nossos Clássicos, 53).

RAMOS, Graciliano. *Histórias agrestes*: contos escolhidos. Seleção e prefácio de Ricardo Ramos. São Paulo: Cultrix, [1960]. 201 p. (Contistas do Brasil, 1).

RAMOS, Graciliano. *Histórias agrestes*: antologia escolar. Seleção e prefácio Ricardo Ramos; ilustrações de Quirino Campofiorito. Rio de Janeiro: Tecnoprint, [1967]. 207 p., il. (Clássicos Brasileiros).

RAMOS, Graciliano. "Ideias Novas". Separata de: *Rev. do Brasil*, [s. l.], ano 5, n. 49, 1942.

RAMOS, Graciliano. *Para gostar de ler*: contos. 4ª ed. São Paulo: Ática, 1988. 95 p., il.

RAMOS, Graciliano. *Para gostar de ler*: contos. 9ª ed. São Paulo: Ática, 1994. 95 p., il. (Para Gostar de Ler, 8).

RAMOS, Graciliano. *Relatórios*. [Organização de Mário Hélio Gomes de Lima.] Rio de Janeiro: Editora Record, 1994. 140 p. Relatórios e artigos publicados entre 1928 e 1953.

RAMOS, Graciliano. *Seleção de contos brasileiros*. Rio de Janeiro: Ed. de Ouro, 1966. 3 v. (333 p.), il. (Contos brasileiros).

RAMOS, Graciliano. [Sete] *7 histórias verdadeiras*. Capa e ilustrações de Percy Deane; [prefácio do autor]. Rio de Janeiro: Ed. Vitória, 1951. 73 p. Contém índice. Conteúdo: Primeira história verdadeira. O olho torto de Alexandre, O estribo de prata, A safra dos tatus, História de uma bota, Uma canoa furada, Moqueca.

RAMOS, Graciliano. "Seu Mota". *Temário — Revista de Literatura e Arte*, Rio de Janeiro, v. 2, n. 4, p. 21-23, jan.-abr., 1952.

RAMOS, Graciliano et al. *Amigos*. Ilustrações de Zeflávio Teixeira. 8ª ed. São Paulo: Atual, 1999. 66 p., il. (Vínculos), brochura.

RAMOS, Graciliano (Org.). *Seleção de contos brasileiros*. Ilustrações de Cleo. Rio de Janeiro: Tecnoprint, [1981]. 3 v.: il. (Ediouro. Coleção Prestígio). "A apresentação segue um critério geográfico, incluindo escritores antigos e modernos de todo o país." Conteúdo: v. 1 Norte e Nordeste; v. 2 Leste; v. 3 Sul e Centro-Oeste.

RAMOS, Graciliano. *Vidas Secas 70 anos*: edição especial. Fotografias de Evandro Teixeira. 1ª ed. Rio de Janeiro: Record, 2008. 208 p.

ROSA, João Guimarães. *Primeiras estórias*. Introdução de Paulo Rónai; poema de Carlos Drummond de Andrade; nota biográfica de Renard Perez; crônica de Graciliano Ramos. 5ª ed. Rio de Janeiro: J. Olympio, 1969. 176 p.

WASHINGTON, Booker T. *Memórias de um negro*. [Tradução de Graciliano Ramos.] São Paulo: Cia. Ed. Nacional, 1940. 226 p.

Obras traduzidas

Alemão

Angst [Angústia]. Surkamp Verlag, 1978.

Karges Leben [Vidas secas]. 1981.

Karges Leben [Vidas secas]. Verlag Klaus Wagenbach, 2013. Obra publicada com o apoio do Ministério da Cultura do Brasil / Fundação Biblioteca Nacional.

Kindheit [Infância]. Verlag Klaus Wagenbach, 2013. Obra publicada com o apoio do Ministério da Cultura do Brasil / Fundação Biblioteca Nacional.

Nach eden ist es weit [Vidas secas]. Horst Erdmann Verlag, 1965.

Raimundo im Land Tatipirún [A terra dos meninos pelados]. Zurique: Verlag Nagel & Kimche. 1996.

São Bernardo: roman. Frankfurt: Fischer Bucherei, 1965.

Búlgaro

Cyx Knbot [Vidas secas]. 1969.

Catalão

Vides seques. Martorell: Adesiara Editorial, 2011.

Dinamarquês
Tørke [Vidas secas]. 1986.

Espanhol
Angustia. Madri: Ediciones Alfaguara, 1978.

Angustia. México: Páramo Ediciones, 2008.

Angustia. Montevidéu: Independencia, 1944.

Infancia. Buenos Aires, Rosario: Beatriz Viterbo Editora, 2010.

Infancia. Buenos Aires: Siglo Veinte, 1948.

San Bernardo. Caracas: Monte Avila Editores, 1980.

Vidas secas. Buenos Aires: Editorial Futuro, 1947.

Vidas secas. Buenos Aires: Editora Capricornio, 1958.

Vidas secas. Havana: Casa de las Américas, [1964].

Vidas secas. Montevidéu: Nuestra América, 1970.

Vidas secas. Madri: Espasa-Calpe, 1974.

Vidas secas. Buenos Aires: Corregidor, 2001.

Vidas secas. Montevidéu: Ediciones de la Banda Oriental, 2004.

Esperanto
Vivoj Sekaj [Vidas secas]. El la portugala tradukis Leopoldo H. Knoedt. Fonto (Gersi Alfredo Bays), Chapecó, SC — Brazilo, 1997.

Finlandês
São Bernardo. Helsinki: Porvoo, 1961.

Flamengo
De Doem van de Droogte [Vidas secas]. 1971.

Vlucht Voor de Droogte [Vidas secas]. Antuérpia: Nederlandse vertaling Het Wereldvenster, Bussum, 1981.

Francês

Angoisse [Angústia]. Paris: Gallimard, 1992.

Enfance [Infância]. Paris: Gallimard.

Insomnie: Nouvelles [Insônia]. Paris: Gallimard, 1998.

Mémoires de Prison [Memórias do Cárcere]. Paris: Gallimard.

São Bernardo. Paris: Gallimard, 1936, 1986.

Secheresse [Vidas secas]. Paris: Gallimard, 1964.

Holandês

Angst [Angústia]. Amsterdam: Coppens & Frenks, Uitgevers, 1995.

Dorre Levens [Vidas secas]. Amsterdam: Coppens & Frenks, Uitgevers, 1998.

Kinderjaren [Infância]. Amsterdam: De Arbeiderspers, Uitgevers, 2007.

São Bernardo. Amsterdam: Coppens & Frenks, Uitgevers, 1996.

Húngaro

Aszaly [Vidas secas]. Budapeste: Europa Könyvriadó, 1967.

Emberfarkas [S. Bernardo]. Budapeste, 1962.

Inglês

Anguish [Angústia]. Nova York: A. A. Knopf, 1946; Westport, Conn.: Greenwood Press, 1972.

Barren Lives [Vidas secas]. Austin: University of Texas Press, 1965; 5ª ed, 1999.

Childhood [Infância]. Londres: P. Owen, 1979.

São Bernardo: a novel. Londres: P. Owen, 1975.

Italiano

Angoscia [Angústia]. Milão: Fratelli Bocca, 1954.

Insonnia [Insônia]. Roma: Edizioni Fahrenheit 451, 2008.

San Bernardo. Turim: Bollati Boringhieri Editore, 1993.

Siccità [Vidas secas]. Milão: Accademia Editrice, 1963.

Terra Bruciata [Vidas secas]. Milão: Nuova Accademia, 1961.

Vite Secche [Vidas secas]. Roma: Biblioteca Del Vascello, 1993.

Polonês

Zwiedle Zycie [Vidas secas]. 1950.

Romeno

Vieti Seci [Vidas secas]. 1966.

Sueco

Förtorkade Liv [Vidas secas]. 1993.

Tcheco

Vyprahlé Zivoty [Vidas secas]. Praga, 1959.

Turco

Kiraç [Vidas secas]. Istambul, 1985.

Bibliografia sobre Graciliano Ramos

Livros, dissertações, teses e artigos de periódicos

ABDALA JÚNIOR, Benjamin. *A escrita neorrealista*: análise socioestilística dos romances de Carlos de Oliveira e Graciliano Ramos. São Paulo: Ática, 1981. xii, 127 p. Bibliografia: p. [120]-127 (Ensaios, 73).

ABDALA JÚNIOR, Benjamin (Org.). *Graciliano Ramos*: muros sociais e aberturas artísticas. Rio de Janeiro: Record, 2017. 336 p. Bibliografia: p. [334]-335.

ABEL, Carlos Alberto dos Santos. *Graciliano Ramos, cidadão e artista*. Rio de Janeiro: UFRJ, 1983. 357 f. Tese (Doutorado) — Faculdade de Letras, Universidade Federal do Rio de Janeiro.

ABEL, Carlos Alberto dos Santos. *Graciliano Ramos, cidadão e artista*. Brasília, DF: Editora UnB, c1997. 384 p. Bibliografia: p. [375]-384.

ABREU, Carmem Lucia Borges de. *Tipos e valores do discurso citado em Angústia*. Niterói: UFF, 1977. 148 f. Dissertação (Mestrado) — Instituto de Letras, Universidade Federal Fluminense.

86 | GRACILIANO RAMOS

ALENCAR, Ubireval (Org.). *Motivos de um centenário*: palestras — programação centenária em Alagoas — convidados do simpósio internacional. Alagoas: Universidade Federal de Alagoas: Instituto Arnon de Mello: Estado de Alagoas, Secretaria de Comunicação Social, 1992. 35 p., il.

ALMEIDA FILHO, Leonardo. *Graciliano Ramos e o mundo interior*: o desvão imenso do espírito. Brasília, DF: Editora UnB, 2008. 164 p.

ALVES, Fabio Cesar. *Armas de papel*: Graciliano Ramos, as Memórias do Cárcere e o Partido Comunista Brasileiro. Prefácio de Francisco Alambert. São Paulo: Editora 34, 2016 (1ª edição). 336 p.

ANDREOLI-RALLE, Elena. *Regards sur la littérature brésilienne*. Besançon: Faculté des Lettres et Sciences Humaines; Paris: Diffusion, Les Belles Lettres, 1993. 136 p., il. (Annales Littéraires de l'Université de Besançon, 492). Inclui bibliografia.

AUGUSTO, Maria das Graças de Moraes. *O absurdo na obra de Graciliano Ramos, ou, de como um marxista virou existencialista*. Rio de Janeiro: UFRJ, Instituto de Filosofia e Ciências Sociais, 1981. 198 p.

BARBOSA, Sonia Monnerat. *Edição crítica de Angústia de Graciliano Ramos*. Niterói: UFF, 1977. 2 v. Dissertação (Mestrado) — Instituto de Letras, Universidade Federal Fluminense.

BASTOS, Hermenegildo. *Memórias do cárcere, literatura e testemunho*. Brasília: Editora UnB, c1998. 169 p. Bibliografia: p. [163]-169.

BASTOS, Hermenegildo. *Relíquias de la casa nueva*. La narrativa Latinoamericana: El eje Graciliano-Rulfo. México: Universidad

Nacional Autónoma de México, 2005. Centro Coordinador Difusor de Estúdios Latinoamericanos. Traducción de Antelma Cisneros. 160 p. Inclui bibliografia.

BASTOS, Hermenegildo. BRUNACCI, Maria Izabel. ALMEIDA FILHO, Leonardo. *Catálogo de benefícios*: o significado de uma homenagem. Edição conjunta com o livro *Homenagem a Graciliano Ramos*, registro do jantar comemorativo do cinquentenário do escritor, em 1943, quando lhe foi entregue o Prêmio Filipe de Oliveira pelo conjunto da obra. Reedição da publicação original inclui os discursos pronunciados por escritores presentes ao jantar e artigos publicados na imprensa por ocasião da homenagem. Brasília: Hinterlândia Editorial, 2010. 125 p.

BISETTO, Carmen Luc. *Étude quantitative du style de Graciliano Ramos dans Infância*. [S.l.], [s.n.]: 1976.

BOSI, Alfredo. *História concisa da literatura brasileira*. 32ª ed. Editora Cultrix, São Paulo: 1994. 528 p. Graciliano Ramos. p. 400-404. Inclui bibliografia.

BRASIL, Francisco de Assis Almeida. *Graciliano Ramos*: ensaio. Rio de Janeiro: Org. Simões, 1969. 160 p., il. Bibliografia: p. 153-156. Inclui índice.

BRAYNER, Sônia. *Graciliano Ramos*: coletânea. 2ª ed. Rio de Janeiro: Civilização Brasileira, 1978. 316 p. (Coleção Fortuna Crítica).

BRUNACCI, Maria Izabel. *Graciliano Ramos*: um escritor personagem. Belo Horizonte: Autêntica Editora, 2008. Crítica e interpretação. 190 p. Inclui bibliografia.

88 | GRACILIANO RAMOS

BUENO, Luís. *Uma história do romance de 30*. São Paulo: Ed. da Universidade de São Paulo; Campinas: Editora da Unicamp, 2006. 712 p. Graciliano Ramos, p. 597-664. Inclui bibliografia.

BUENO-RIBEIRO, Eliana. *Histórias sob o sol*: uma interpretação de Graciliano Ramos. Rio de Janeiro: UFRJ, 1989. 306 f. Tese (Doutorado) — Faculdade de Letras, Universidade Federal do Rio de Janeiro, 1980.

BULHÕES, Marcelo Magalhães. *Literatura em campo minado*: a metalinguagem em Graciliano Ramos e a tradição brasileira. São Paulo: Annablume, FAPESP, 1999.

BUMIRGH, Nádia R.M.C. *S. Bernardo de Graciliano Ramos*: proposta para uma edição crítica. São Paulo: USP, 1998. Dissertação (Mestrado) — Faculdade de Filosofia, Letras e Ciências Humanas, Universidade de São Paulo.

CANDIDO, Antonio. *Ficção e confissão*: ensaio sobre a obra de Graciliano Ramos. Rio de Janeiro: J. Olympio, 1956. 83 p.

CANDIDO, Antonio. *Ficção e confissão*: ensaios sobre Graciliano Ramos. Rio de Janeiro: Editora 34, 1992. 108 p., il. Bibliografia: p. [110]-[111].

CARVALHO, Castelar de. *Ensaios gracilianos*. Rio de Janeiro: Ed. Rio, Faculdades Integradas Estácio de Sá, 1978. 133 p. (Universitária, 6).

CARVALHO, Elizabeth Pereira de. *O foco movente em Liberdade*: estilhaço e ficção em Silviano Santiago. Rio de Janeiro: UFRJ, 1992. 113 p. Dissertação (Mestrado) — Faculdade de Letras, Universidade Federal do Rio de Janeiro.

CARVALHO, Lúcia Helena de Oliveira Vianna. *A ponta do novelo*: uma interpretação da "mise en abîme" em *Angústia* de Graciliano Ramos. Niterói: UFF, 1978. 183 f. Dissertação (Mestrado) — Instituto de Letras, Universidade Federal Fluminense.

CARVALHO, Lúcia Helena de Oliveira Vianna. *A ponta do novelo*: uma interpretação de *Angústia*, de Graciliano Ramos. São Paulo: Ática, 1983. 130 p. (Ensaios, 96). Bibliografia: p. [127]-130.

CARVALHO, Lúcia Helena de Oliveira Vianna. *Roteiro de leitura*: *São Bernardo* de Graciliano Ramos. São Paulo: Ática, 1997. 152 p. Brochura.

CARVALHO, Luciana Ribeiro de. *Reflexos da Revolução Russa no romance brasileiro dos anos trinta*: Jorge Amado e Graciliano Ramos. São Paulo, 2000. 139 f. Dissertação (Mestrado) — Faculdade de Filosofia, Letras e Ciências Humanas, Universidade de São Paulo.

CARVALHO, Sônia Maria Rodrigues de. *Traços de continuidade no universo romanesco de Graciliano Ramos*. São Paulo: Universidade Estadual Paulista, 1990. 119 f. Dissertação (Mestrado) — Universidade Estadual Paulista Júlio Mesquita Filho.

CASTELLO, José Aderaldo. *Homens e intenções*: cinco escritores modernistas. São Paulo: Conselho Estadual de Cultura, Comissão de Literatura, 1959. 107 p. (Coleção Ensaio, 3).

CASTELLO, José Aderaldo. *A literatura brasileira*. Origens e Unidade (1500-1960). Dois vols. Editora da Universidade de São Paulo, SP, 1999. Graciliano Ramos, autor-síntese. Vol. II, p. 298-322.

CENTRE DE RECHERCHES LATINO-AMÉRICAINES. *Graciliano Ramos*: Vidas secas. [S.l.], 1972. 142 p.

90 | GRACILIANO RAMOS

CERQUEIRA, Nelson. *Hermenêutica e literatura*: um estudo sobre *Vidas secas* de Graciliano Ramos e *Enquanto agonizo* de William Faulkner. Salvador: Editora Cara, 2003. 356 p.

CÉSAR, Murilo Dias. *São Bernardo*. São Paulo: Imprensa Oficial do Estado, 1997. 64 p. Título de capa: *Adaptação teatral livre de* São Bernardo, *de Graciliano Ramos*.

[CINQUENTA] 50 anos do romance *Caetés*. Maceió: Departamento de Assuntos Culturais, 1984. 106 p. Bibliografia: p. [99]-100.

COELHO, Nelly Novaes. *Tempo, solidão e morte*. São Paulo: Conselho Estadual de Cultura, Comissão de Literatura, [1964]. 75 p. (Coleção Ensaio, 33). Conteúdo: O "eterno instante" na poesia de Cecília Meireles; Solidão e luta em Graciliano Ramos; O tempo e a morte: duas constantes na poesia de Antônio Nobre.

CONRADO, Regina Fátima de Almeida. *O mandacaru e a flor*: a autobiografia *Infância* e os modos de ser Graciliano. São Paulo: Arte & Ciência, 1997. 207 p. (Universidade Aberta, 32. Literatura). Parte da dissertação do autor (Mestrado) — UNESP, 1989. Bibliografia: p. [201]-207.

CORRÊA JUNIOR, Ângelo Caio Mendes. *Graciliano Ramos e o Partido Comunista Brasileiro*: as memórias do cárcere. São Paulo, 2000. 123 p. Dissertação (Mestrado) — Faculdade de Filosofia, Letras e Ciências Humanas, Universidade de São Paulo.

COURTEAU, Joanna. *The World View in the Novels of Graciliano Ramos*. Ann Arbor: Univ. Microfilms Int., 1970. 221 f. Tese (Doutorado) — The University of Wisconsin. Ed. Fac-similar.

COUTINHO, Fernanda. *Imagens da infância em Graciliano Ramos e Antoine de Saint-Exupéry*. Recife: UFPE, 2004. 231 f. Tese

(Doutorado) — Centro de Artes e Comunicação, Universidade Federal de Pernambuco. Inclui bibliografia.

COUTINHO, Fernanda. *Imagens da infância em Graciliano Ramos e Antoine de Saint-Exupéry*. Fortaleza: Banco do Nordeste do Brasil, 2012. 276p. (Série Textos Nômades). Esta edição comemora os 120 anos de nascimento de Graciliano Ramos.

COUTINHO, Fernanda. "Lembranças pregadas a martelo: breves considerações sobre o medo em *Infância* de Graciliano Ramos". In *Investigações*: Revista do Programa de Pós-graduação em Letras e Linguística da UFPE. Recife: vol. 13 e 14, dezembro, 2001.

CRISTÓVÃO, Fernando Alves. *Graciliano Ramos*: estrutura e valores de um modo de narrar. Rio de Janeiro: Ed. Brasília; Brasília: INL, 1975. 330 p. il. (Coleção Letras, 3). Inclui índice. Bibliografia: p. 311-328.

CRISTÓVÃO, Fernando Alves. *Graciliano Ramos*: estrutura e valores de um modo de narrar. 2ª ed., rev. Rio de Janeiro: Ed. Brasília/Rio, 1977. xiv, 247 p., il. (Coleção Letras). Bibliografia: p. 233-240.

CRISTÓVÃO, Fernando Alves. *Graciliano Ramos*: estrutura e valores de um modo de narrar. Prefácio de Gilberto Mendonça Teles. 3ª ed., rev. e il. Rio de Janeiro: J. Olympio, 1986. xxxiii, 374 p., il. (Coleção Documentos Brasileiros, 202). Bibliografia: p. 361-374. Apresentado originalmente como tese do autor (Doutorado em Literatura Brasileira) — Universidade Clássica de Lisboa. Brochura.

CRUZ, Liberto; EULÁLIO, Alexandre; AZEVEDO, Vivice M. C. *Études portugaises et brésiliennes*. Rennes: Faculté des Lettres et Sciences Humaines, 1969. 72 p. facsims. Bibliografia: p. 67-71.

Estudo sobre: Júlio Dinis, Blaise Cendrars, Darius Milhaud e **Graciliano** Ramos. Travaux de la Faculté des Lettres et Sciences Humaines de l'Université de Rennes, Centre d'Études Hispaniques, Hispano-Américaines et Luso-Brésiliennes (Series, 5), (Centre d'Études Hispaniques, Hispano-américaines et Luso-Brésiliennes. [Publications], 5).

DANTAS, Audálio. *A infância de Graciliano Ramos*: biografia. Literatura infantojuvenil. São Paulo: Instituto Callis, 2005.

DIAS, Ângela Maria. *Identidade e memória*: os estilos Graciliano Ramos e Rubem Fonseca. Rio de Janeiro: UFRJ, 1989. 426 f. Tese (Doutorado) — Faculdade de Letras, Universidade Federal do Rio de Janeiro.

D'ONOFRIO, Salvatore. *Conto brasileiro*: quatro leituras (Machado de Assis, Graciliano Ramos, Guimarães Rosa, Osman Lins). Petrópolis: Vozes, 1979. 123 p.

DUARTE, Eduardo de Assis (Org.). *Graciliano revisitado*: coletânea de ensaios. Natal: Ed. Universitária, UFRN, 1995. 227 p. (Humanas letras).

ELLISON, Fred P. *Brazil's New Novel*: Four Northeastern Masters: José Lins do Rego, Jorge Amado, Graciliano Ramos [and] Rachel de Queiroz. Berkeley: University of California Press, 1954. 191 p. Inclui bibliografia.

ELLISON, Fred P. *Brazil's New Novel*: Four Northeastern Masters: José Lins do Rego, Jorge Amado, Graciliano Ramos, Rachel de Queiroz. Westport, Conn.: Greenwood Press, 1979 (1954). xiii, 191 p. Reimpressão da edição publicada pela University of California Press, Berkeley. Inclui índice. Bibliografia: p. 183-186.

FABRIS, M. "Função Social da Arte: Cândido Portinari e Graciliano Ramos". *Rev. do Instituto de Estudos Brasileiros*, São Paulo, n. 38, p. 11-19, 1995.

FARIA, Viviane Fleury. *Um fausto cambembe*: Paulo Honório. Tese (Doutorado) — Brasília: UnB, 2009. Orientação de Hermenegildo Bastos. Programa de Pós-Graduação em Literatura, UnB.

FÁVERO, Afonso Henrique. *Aspectos do memorialismo brasileiro*. São Paulo, 1999. 370 p. Tese (Doutorado) — Faculdade de Filosofia, Letras e Ciências Humanas, Universidade de São Paulo. Graciliano Ramos é um dos três autores que "figuram em primeiro plano na pesquisa, com *Infância* e *Memórias do cárcere*, duas obras de reconhecida importância dentro do gênero".

FELDMANN, Helmut. *Graciliano Ramos*: eine Untersuchung zur Selbstdarstellung in seinem epischen Werk. Genève: Droz, 1965. 135 p. facsims. (Kölner romanistische Arbeiten, n.F., Heft 32). Bibliografia: p. 129-135. Vita. Thesis — Cologne.

FELDMANN, Helmut. *Graciliano Ramos*: reflexos de sua personalidade na obra. [Tradução de Luís Gonzaga Mendes Chaves e José Gomes Magalhães.] Fortaleza: Imprensa Universitária do Ceará, 1967. 227 p. (Coleção Carnaúba, 4). Bibliografia: p. 221-227.

FELINTO, Marilene. *Graciliano Ramos*. São Paulo: Brasiliense, 1983. 78 p., il. "Outros heróis e esse Graciliano". Lista de trabalhos de Graciliano Ramos incluída em "Cronologia": p. 68-75. (Encanto Radical, 30).

FERREIRA, Jair Francelino; BRUNETI, Almir de Campos. *Do meio aos mitos*: Graciliano Ramos e a tradição religiosa. Brasília, 1999. Dissertação (Mestrado) — Universidade de Brasília. 94 p.

FISCHER, Luis Augusto; GASTAL, Susana; COUTINHO, Carlos Nelson (Org.). *Graciliano Ramos*. [Porto Alegre]: SMC, 1993. 80 p. (Cadernos Ponto & Vírgula). Bibliografia: p. 79-80.

FONSECA, Maria Marília Alves da. *Análise semântico-estrutural da preposição "de" em Vidas secas, S. Bernardo e Angústia*. Niterói: UFF, 1980. 164 f. Dissertação (Mestrado) — Instituto de Letras, Universidade Federal Fluminense.

FRAGA, Myriam. *Graciliano Ramos*. São Paulo: Moderna, 2007. Coleção Mestres da Literatura. (Literatura infantojuvenil).

FREIXIEIRO, Fábio. *Da razão à emoção II*: ensaios rosianos e outros ensaios e documentos. Rio de Janeiro: Tempo Brasileiro, 1971. 192 p. (Temas de Todo o Tempo, 15).

GARBUGLIO, José Carlos; BOSI, Alfredo; FACIOLI, Valentim. *Graciliano Ramos*. Participação especial, Antonio Candido [et al.]. São Paulo: Ática, 1987. 480 p., il. (Coleção Autores Brasileiros. Antologia, 38. Estudos, 2). Bibliografia: p. 455-480.

GIMENEZ, Erwin Torralbo. "O olho torto de Graciliano Ramos: metáfora e perspectiva". *Revista USP*, São Paulo, nº 63, p. 186-196, set/nov, 2004.

GUEDES, Bernadette P. *A Translation of Graciliano Ramos' Caetes*. Ann Arbor: Univ. Microfilms Int, 1976. 263 f. Tese (Doutorado) — University of South Carolina. Ed. fac-similar.

GUIMARÃES, José Ubireval Alencar. *Graciliano Ramos*: discurso e fala das memórias. Porto Alegre: PUC/RS, 1982. 406 f. Tese (Doutorado) — Instituto de Letras e Artes, Pontifícia Universidade Católica do Rio Grande do Sul.

GUIMARÃES, José Ubireval Alencar. *Graciliano Ramos e a fala das memórias.* Maceió: [Serviços Gráficos de Alagoas], 1988. 305 p., il. Bibliografia: p. [299]-305.

GUIMARÃES, José Ubireval Alencar. *Vidas secas*: um ritual para o mito da seca. Maceió: EDICULTE, 1989. 160 p. Apresentado originalmente como dissertação de Mestrado do autor. — Pontifícia Universidade Católica do Rio Grande do Sul. Bibliografia: p. [155]-157.

HAMILTON JUNIOR, Russell George. *A arte de ficção de Graciliano Ramos*: a apresentação de personagens. Ann Arbor: Univ. Microfilms Int., 1965. Tese (Doutorado) — Yale University. Ed. fac-similar, 255 f.

HESSE, Bernard Hermann. *O escritor e o infante*: uma negociação para a representação em Infância. Brasília, 2007. Tese (Doutorado) — Orientação de Hermenegildo Bastos. Programa de Pós-graduação de Literatura — Universidade de Brasília.

HILLAS, Sylvio Costa. *A natureza interdisciplinar da teoria literária no estudo sobre Vidas secas.* Rio de Janeiro: UFRJ, 1999. 105 f. Dissertação (Mestrado) — Faculdade de Letras, Universidade Federal do Rio de Janeiro.

HOLANDA, Lourival. *Sob o signo do silêncio*: Vidas secas e O estrangeiro. São Paulo: EDUSP, 1992. 91 p. Bibliografia: p. [89]-91. (Criação & Crítica, 8).

LEBENSZTAYN, Ieda. *Graciliano Ramos e a Novidade*: o astrônomo do inferno e os meninos impossíveis. São Paulo: Ed. Hedra em parceria com a Escola da Cidade (ECidade), 2010. 524 p.

LEITÃO, Cláudio Correia. *Origens e fins da memória*: Graciliano Ramos, Joaquim Nabuco e Murilo Mendes. Belo Horizonte, 1997. 230 f. Tese (Doutorado) — Universidade Federal de Minas Gerais.

LEITÃO, Cláudio. *Líquido e incerto*: memória e exílio em Graciliano Ramos. Niterói: EdUFF, São João del Rei: UFSJ, 2003. 138 p.

LIMA, Valdemar de Sousa. *Graciliano Ramos em Palmeira dos Índios*. [Brasília]: Livraria-Editora Marco [1971]. 150 p., il. 2ª ed. Civilização Brasileira, 1980.

LIMA, Yêdda Dias; REIS, Zenir Campos (Coord.). *Catálogo de manuscritos do arquivo Graciliano Ramos*. São Paulo: EDUSP, [1992]. 206 p. (Campi, 8). Inclui bibliografia.

LINS, Osman. *Graciliano, Alexandre e outros*. Vitral ao sol. Recife, Editora Universitária da UFPE, p. 300-307, julho, 2004.

LOUNDO, Dilip. *Tropical rhymes, tropical reasons*. An Anthology of Modern Brazilian Literature. National Book Trust, Índia. Nova Délhi, 2001.

LUCAS, Fabio. *Lições de literatura nordestina*. Salvador: Fundação Casa de Jorge Amado, 2005. Coleção Casa de Palavras, 240 p. "Especificações de Vidas secas", p. 15-35, "A textualidade contida de Graciliano Ramos", p. 39-53, "Graciliano retratado por Ricardo Ramos", p. 87-98. Inclui bibliografia.

MAGALHÃES, Belmira. *Vidas secas*: os desejos de sinha Vitória. HD Livros Editora Curitiba, 2001.

MAIA, Ana Luiza Montalvão; VENTURA, Aglaeda Facó. *O contista Graciliano Ramos*: a introspecção como forma de perceber e dialogar com a realidade. Brasília, 1993. 111 f. Dissertação (Mestrado) — Universidade de Brasília.

MAIA, Pedro Moacir. *Cartas inéditas de Graciliano Ramos a seus tradutores argentinos Benjamín de Garay e Raúl Navarro*. Salvador: EDUFBA, 2008. 164 p.: il.

MALARD, Letícia. *Ensaio de literatura brasileira*: ideologia e realidade em Graciliano Ramos. Belo Horizonte: Itatiaia, [1976]. 164 p. (Coleção Universidade Viva, 1). Bibliografia: p. 155-164. Apresentado originalmente como tese de Doutorado da autora — Universidade Federal de Minas Gerais, 1972.

MANUEL Bandeira, Aluisto [i.e. Aluisio] Azevedo, Graciliano Ramos, Ariano Suassuna: [recueil de travaux présentés au séminaire de 1974]. Poitiers: Centre de Recherches Latino-Américaines de l'Université de Poitiers, 1974. 167 p. (Publications du Centre de Recherches Latino-Américaines de l'Université de Poitiers). Francês ou português. Conteúdo: Roig, A. Manuel Bandeira, ou l'enfant père du poète, Garbuglio, J. C. Bandeira entre o Beco e Pasárgada, Vilhena, M. da C. Duas cantigas medievais de Manuel Bandeira, Mérian, J.-Y. Un roman inachevé de Aluisio Azevedo, Alvès, J. Lecture plurielle d'un passage de *Vidas secas*, David-Peyre, Y. Les personnages et la mort dans *Relíquias de Casa Velha*, de Machado de Assis, Moreau, A. Remarques sur le dernier acte de l'*Auto da Compadecida*, Azevedo-Batard, V. Apports inédits à l'oeuvre de Graciliano Ramos.

MARINHO, Maria Celina Novaes. *A imagem da linguagem na obra de Graciliano Ramos*: uma análise da heterogeneidade discursiva nos romances *Angústia* e *Vidas secas*. São Paulo: Humanitas, FFLCH/USP, 2000. 110 p. Apresentado originalmente como dissertação do autor (Mestrado) — Universidade de São Paulo, 1995. Bibliografia: p. [105]-110.

MAZZARA, Richard A. *Graciliano Ramos*. Nova York: Twayne Publishers, [1974]. 123 p. (Twayne's World Authors Series, TWAS 324. Brazil). Bibliografia: p. 121-122.

MEDEIROS, Heloísa Marinho de Gusmão. *A mulher na obra de Graciliano Ramos*. Maceió, Universidade Federal de Alagoas/ Dept° de Letras Estrangeiras, 1994.

MELLO, Marisa Schincariol de. *Graciliano Ramos*: criação literária e projeto político (1930-1953). Rio de Janeiro, 2005. Dissertação (Mestrado). História Contemporânea. Universidade Federal Fluminense (UFF).

MERCADANTE, Paulo. *Graciliano Ramos*: o manifesto do trágico. Rio de Janeiro: Topbooks, 1993. 167 p. Inclui bibliografia.

MIRANDA, Wander Melo. *Corpos escritos*: Graciliano Ramos e Silviano Santiago. São Paulo: EDUSP; Belo Horizonte: Editora UFMG, 1992. 174 p. Apresentado originalmente como tese do autor (Doutorado) — Universidade de São Paulo, 1987. Bibliografia: p. [159]-174.

MIRANDA, Wander Melo. *Graciliano Ramos*. São Paulo: Publifolha, 2004. 96 p.

MORAES, Dênis de. *O velho Graça*. Rio de Janeiro: J. Olympio, 1992. xxiii, 407 p., il. Subtítulo de capa: Uma biografia de Graciliano Ramos. Bibliografia: p. 333-354. Inclui índice. São Paulo: Boitempo Editorial, 2012. 2ª ed., 360 p.

MOTTA, Sérgio Vicente. *O engenho da narrativa e sua árvore genealógica*: das origens a Graciliano Ramos e Guimarães Rosa. São Paulo: UNESP, 2006.

MOURÃO, Rui. *Estruturas*: ensaio sobre o romance de Graciliano. Belo Horizonte: Edições Tendências, 1969. 211 p. 2ª ed., Arquivo, INL, 1971. 3ª ed., Ed. UFPR, 2003.

MUNERATTI, Eduardo. *Atos agrestes*: uma abordagem geográfica na obra de Graciliano Ramos. São Paulo, 1994. 134 p. Dissertação (Mestrado em Geografia Humana) — Faculdade de Filosofia, Letras e Ciências Humanas, Universidade de São Paulo.

MURTA, Elício Ângelo de Amorim. *Os nomes (próprios) em Vidas secas*. Concurso monográfico "50 anos de Vidas secas". Universidade Federal de Alagoas, 1987.

NASCIMENTO, Dalma Braune Portugal do. *Fabiano, herói trágico na tentativa do ser*. Rio de Janeiro: UFRJ, 1976. 69 f. Dissertação (Mestrado) — Faculdade de Letras, Universidade Federal do Rio de Janeiro.

NASCIMENTO, Dalma Braune Portugal do. *Fabiano, herói trágico na tentativa do ser*. Rio de Janeiro: Edições Tempo Brasileiro, 1980. 59 p. Bibliografia: p. 55-59.

NEIVA, Cícero Carreiro. *Vidas secas e Pedro Páramo*: tecido de vozes e silêncios na América Latina. Rio de Janeiro: UFRJ, 2001. 92 f. Dissertação (Mestrado) — Faculdade de Letras, Universidade Federal do Rio de Janeiro.

NERY, Vanda Cunha Albieri. *Graça eterno*. No universo infinito da criação. (Doutorado em Comunicação e Semiótica). Pontifícia Universidade Católica de São Paulo, 1995.

NEVES, João Alves das. *Graciliano Ramos*. Coimbra: Atlântida, 1963. 212 p.

NOGUEIRA, Ruth Persice. *Jornadas e sonhos*: a busca da utopia pelo homem comum: estudo comparativo dos romances *As vinhas da ira* de John Steinbeck e *Vidas secas* de Graciliano Ramos. Rio de Janeiro: UFRJ, 1994. 228 f. Tese (Doutorado) — Faculdade de Letras, Universidade Federal do Rio de Janeiro.

NUNES, M. Paulo. *A lição de Graciliano Ramos*. Teresina: Editora Corisco, 2003.

OLIVEIRA, Celso Lemos de. *Understanding Graciliano Ramos*. Columbia, S.C.: University of South Carolina Press, 1988. 188 p. (Understanding Contemporary European and Latin American Literature). Inclui índice. Bibliografia: p. 176-182.

OLIVEIRA NETO, Godofredo de. *A ficção na realidade em São Bernardo*. 1ª ed. Belo Horizonte: Nova Safra; [Blumenau]: Editora da FURB, c1990. 109 p., il. Baseado no capítulo da tese do autor (Doutorado — UFRJ, 1988), apresentado sob o título: *O nome e o verbo na construção de São Bernardo*. Bibliografia: p. 102-106.

OLIVEIRA, Jurema José de. *O espaço do oprimido nas literaturas de língua portuguesa do século XX*: Graciliano Ramos, Alves Redol e Fernando Monteiro de Castro Soromenho. Rio de Janeiro: UFRJ, 1998. 92 p. Dissertação (Mestrado) — Faculdade de Letras, Universidade Federal do Rio de Janeiro.

OLIVEIRA, Luciano. *O bruxo e o rabugento*. Ensaios sobre Machado de Assis e Graciliano Ramos. Rio de Janeiro: Vieira & Lent, 2010.

OLIVEIRA, Maria de Lourdes. *Cacos de Memória*: Uma leitura de *Infância*, de Graciliano Ramos. Belo Horizonte, 1992. 115 f. Dissertação (Mestrado) — Universidade Federal de Minas Gerais.

PALMEIRA DOS ÍNDIOS. Prefeitura. *Dois relatórios ao governador de Alagoas.* Apresentação de Gilberto Marques Paulo. Recife: Prefeitura da Cidade do Recife, Secretaria de Educação e Cultura, Fundação de Cultura Cidade do Recife, 1992. 44 p. "Edição comemorativa ao centenário de nascimento do escritor Graciliano Ramos (1892-1953)." Primeiro trabalho publicado originalmente: Relatório ao Governador do Estado de Alagoas. Maceió: Impr. Official, 1929. Segundo trabalho publicado originalmente: 2º Relatório ao Sr. Governador Álvaro Paes. Maceió: Impr. Official, 1930.

PEÑUELA CAÑIZAL, Eduardo. *Duas leituras semióticas:* Graciliano Ramos e Miguel Ángel Asturias. São Paulo: Perspectiva, Secretaria da Cultura, Ciência e Tecnologia do Estado de São Paulo, 1978. 88 p. (Coleção Elos, 21).

PEREGRINO JÚNIOR. *Três ensaios:* modernismo, Graciliano, Amazônia. Rio de Janeiro: São José, 1969. 134 p.

PEREIRA, Isabel Cristina Santiago de Brito; PATRIOTA, Margarida de Aguiar. *A configuração da personagem no romance de Graciliano Ramos.* Brasília, 1983. Dissertação (Mestrado) — Universidade de Brasília. 83 p.

PINTO, Rolando Morel. *Graciliano Ramos, autor e ator.* [São Paulo: Faculdade de Filosofia, Ciências e Letras de Assis, 1962.] 189 p. fac-sím. Bibliografia: p. 185-189.

PÓLVORA, Hélio. "O conto na obra de Graciliano." Ensaio p. 53-61. *Itinerários do conto: interfaces críticas e teóricas de modern short stories.* Ilhéus: Editus, 2002. 252 p.

PÓLVORA, Hélio. *Graciliano, Machado, Drummond e outros*. Rio de Janeiro: F. Alves, 1975. 158 p.

PÓLVORA, Hélio. "Infância: A maturidade da prosa." "Imagens recorrentes em *Caetés*." "O anti-herói trágico de *Angústia*." Ensaios, p. 81-104. *O espaço interior*. Ilhéus: Editora da Universidade Livre do Mar e da Mata, 1999. 162 p.

PUCCINELLI, Lamberto. *Graciliano Ramos*: relações entre ficção e realidade. São Paulo: Edições Quíron, 1975. xvii, 147 p. (Coleção Escritores de Hoje, 3). "Originalmente a dissertação de Mestrado Graciliano Ramos — figura e fundo, apresentada em 1972 na disciplina de Sociologia da Literatura à Faculdade de Filosofia, Letras e Ciências Humanas da Universidade de São Paulo." Bibliografia: p. 145-146.

RAMOS, Clara. *Cadeia*. Rio de Janeiro: J. Olympio, 1992. 213 p., il. Inclui bibliografia.

RAMOS, Clara. *Mestre Graciliano*: confirmação humana de uma obra. [Capa, Eugênio Hirsch]. Rio de Janeiro: Civilização Brasileira, 1979. 272 p., il. (Coleção Retratos do Brasil, 134). Inclui bibliografia.

RAMOS, Elizabeth S. *Histórias de bichos em outras terras*: a transculturação na tradução de Graciliano Ramos. Salvador: UFBA, 1999. Dissertação (Mestrado) — Instituto de Letras, Universidade Federal da Bahia.

RAMOS, Elizabeth S. *Vidas Secas e The Grapes of Wrath* — o implícito metafórico e sua tradução. Salvador: UFBA, 2003. 162 f. Tese (Doutorado) — Instituto de Letras, Universidade Federal da Bahia.

RAMOS, Elizabeth S. *Problems of Cultural Translation in Works by Graciliano Ramos*. Yale University-Department of Spanish and Portuguese, Council on Latin American and Iberian Studies. New Haven, EUA, 2004.

RAMOS, Ricardo. *Graciliano*: retrato fragmentado. São Paulo: Globo, 2011. 2ª ed. 270 p.

REALI, Erilde Melillo. *Itinerario nordestino di Graciliano Ramos*. Nápoles [Itália]: Intercontinentalia, 1973. 156 p. (Studi, 4).

REZENDE, Stella Maris; VENTURA, Aglaeda Facó. *Graciliano Ramos e a literatura infantil*. Brasília, 1988. 101 p. Dissertação (Mestrado) — Universidade de Brasília.

RIBEIRO, Magdalaine. "Infância de Graciliano Ramos. Autobiografia ou radiografia da realidade nordestina?" In: *Identidades e representações na cultura brasileira*. Rita Olivieri-Gadot, Lícia Soares de Souza (Org.). João Pessoa: Ideia, 2001.

RIBEIRO, Maria Fulgência Bomfim. *Escolas da vida e grafias de má morte*: a educação na obra de Graciliano Ramos. Dissertação (Mestrado). Departamento de Letras e Artes, Universidade Estadual de Feira de Santana, 2003.

RISSI, Lurdes Theresinha. *A expressividade da semântica temporal e aspectual em S. Bernardo e Angústia*. Niterói: UFF, 1978. 142 f. Dissertação (Mestrado) — Instituto de Letras, Universidade Federal Fluminense.

SALLA, Thiago Mio. "As marcas de um autor revisor: Graciliano Ramos à roda dos jornais e das edições de seus próprios livros". *Revista de Núcleo de Estudos do Livro e da Edição*, n. 5, p. 95-121. USP, 2015.

SALLA, Thiago Mio. *Graciliano Ramos e a Cultura Política*: mediação editorial e construção do sentido. São Paulo: Editora da Universidade de São Paulo/ Fapesp, 2016. 584 p., il. Inclui bibliografia e índice onomástico.

SALLA, Thiago Mio. *Graciliano na terra de Camões*. Cotia, SP: Ateliê Editorial; São Paulo: Nankin, 2021.

SANT'ANA, Moacir Medeiros de. *A face oculta de Graciliano Ramos*. Maceió: Secretaria de Comunicação Social: Arquivo Público de Alagoas, 1992. 106 p., il. Subtítulo de capa: Os 80 anos de um inquérito literário. Inclui: "A arte e a literatura em Alagoas", do Jornal de Alagoas, publicado em 18/09/1910 (p. [37]-43). Inclui bibliografia.

SANT'ANA, Moacir Medeiros de. *Graciliano Ramos*: achegas biobibliográficas. Maceió: Arquivo Público de Alagoas, SENEC, 1973. 92 p., il. Inclui bibliografias.

SANT'ANA, Moacir Medeiros de. *Graciliano Ramos*: vida e obra. Maceió: Secretaria de Comunicação Social, 1992. 337 p., il. ret., fac-símiles. Dados retirados da capa. Bibliografia: p. 115-132.

SANT'ANA, Moacir Medeiros de. *Graciliano Ramos antes de Caetés*: catálogo da exposição biobibliográfica de Graciliano Ramos, comemorativa dos 50 anos do romance *Caetés*, realizada pelo Arquivo Público de Alagoas em novembro de 1983. Maceió: Arquivo Público de Alagoas, 1983. 42 p., il. Título de capa: Catálogo, Graciliano Ramos antes de Cahetés. Inclui bibliografia. Contém dados biográficos.

SANT'ANA, Moacir Medeiros de. *História do romance Caetés*. Maceió: Arquivo Público: Subsecretaria de Comunicação Social, 1983. 38 p., il. Inclui bibliografia.

SANT'ANA, Moacir Medeiros de. *O romance S. Bernardo*. Maceió: Universidade Federal de Alagoas, 1984. 25 p. "Catálogo da Exposição Bibliográfica 50 Anos de *S. Bernardo*" realizada pelo Arquivo Público de Alagoas em dezembro de 1984. Contém dados biográficos. Bibliografia: p. 17-25.

SANT'ANA, Moacir Medeiros de. *Vidas secas*: história do romance. Recife: Sudene, 1999. 150 p., il. "Bibliografia sobre *Vidas secas*": p. [95]-117.

SANTIAGO, Silviano. *Em liberdade*: uma ficção de Silviano Santiago. Rio de Janeiro: Paz e Terra, 1981. 235 p. (Coleção Literatura e Teoria Literária, 41).

SANTOS, Valdete Pinheiro. *A metaforização em Vidas secas*: a metáfora de base animal. Rio de Janeiro: UFRJ, 1979. 65 f. Dissertação (Mestrado) — Faculdade de Letras, Universidade Federal do Rio de Janeiro.

SÉMINAIRE GRACILIANO RAMOS, 1971, Poitiers. *Graciliano Ramos*: Vidas secas. Poitiers [França]: Centre de Recherches Latino--Américaines de l'Université de Poitiers, 1972. 142 p. (Publications du Centre de Recherches Latino-Américaines de l'Université de Poitiers). Seminários: fev.-jun. de 1971. Inclui bibliografia.

SERRA, Tânia Rebelo Costa. *Análise histórica de Vidas secas de Graciliano Ramos*. Brasília, 1980. 17 f.

SILVA, Bélchior Cornelio da. *O pio da coruja*: ensaios literários. Belo Horizonte: Ed. São Vicente, 1967. 170 p.

SILVA, Enaura Quixabeira Rosa e outros. *Angústia 70 anos depois*. Maceió: Ed. Catavento, 2006. 262 p.

SILVA, Hélcio Pereira da. *Graciliano Ramos*: ensaio crítico-psicanalítico. Rio de Janeiro, Aurora, 1950. 134 p., 2ª ed. rev., Ed. G. T. L., 1954.

SILVEIRA, Paulo de Castro. *Graciliano Ramos*: nascimento, vida, glória e morte. Maceió: Fundação Teatro Deodoro, 1982. 210 p.: il.

SOUZA, Tânia Regina de. *A infância do velho Graciliano*: memórias em letras de forma, Florianópolis: Editora da UFSC, 2001.

STEGAGNO-PICCHIO, Luciana. *História da literatura brasileira*. Rio de Janeiro: Nova Aguilar, 2ª ed., 2004. 744 p. "O Nordeste em ponta seca: Graciliano Ramos." p. 531-533. Inclui bibliografia.

TÁTI, Miécio. "Aspectos do romance de Graciliano Ramos". *Temário — Revista de Literatura e Arte*, Rio de Janeiro, v. 2, n. 4, p. 1-19, jan.-abr., 1952.

UNIVERSIDADE DE BRASÍLIA. *Roteiro de Vidas secas*: seminário sobre o livro de Graciliano Ramos e o filme de Nelson Pereira dos Santos. Brasília, 1965. 63 p.

UNIVERSITÉ DE POITIERS. *Manuel Bandeira, Aluísio Azevedo, Graciliano Ramos, Ariano Suassuna*. Poitiers, 1974. Texto em francês e português. 167 p.

VENTURA, Susanna Ramos. *Escritores revisitam escritores*: a leitura de Fernando Pessoa e Ricardo Reis, por José Saramago, e de Graciliano Ramos e Cláudio Manuel da Costa, por Silviano Santiago. São Paulo, 2000. 194 p. Anexos. Dissertação (Mestrado) — Faculdade de Filosofia, Letras e Ciências Humanas, Universidade de São Paulo.

VERDI, Eunaldo. *Graciliano Ramos e a crítica literária*. Prefácio de Edda Arzúa Ferreira. Florianópolis: Ed. da UFSC, 1989. 184 p., il. Apresentado originalmente como dissertação de Mestrado do autor — Universidade Federal de Santa Catarina, 1983. Bibliografia: p. 166-180.

VIANA, Vivina de Assis. *Graciliano Ramos*. São Paulo: Nova Cultural, 1990. 144 p.

VIANNA, Lúcia Helena. *Roteiro de leitura: São Bernardo* de Graciliano Ramos. São Paulo: Ática, 1997. 152 p., il.

ZILBERMAN, Regina. *São Bernardo e os processos da comunicação*. Porto Alegre: Movimento, 1975. 66 p. (Coleção Augusto Meyer: Ensaios, 8). Inclui bibliografia.

Produções cinematográficas

Vidas secas — Direção de Nelson Pereira dos Santos, 1963.

São Bernardo — Direção, adaptação e roteiro de Leon Hirszman, 1972.

Memórias do cárcere — Direção de Nelson Pereira dos Santos, 1983.

Produção para rádio e TV

São Bernardo — novela em capítulos baseada no romance, adaptado para a Rádio Globo do Rio de Janeiro por Amaral Gurgel, em 1949.

São Bernardo — Quarta Nobre baseada no romance, adaptado em um episódio para a TV Globo por Lauro César Muniz, em 29 de junho de 1983.

A terra dos meninos pelados — musical infantil baseado na obra homônima, adaptada em quatro episódios para a TV Globo por Cláudio Lobato e Márcio Trigo, em 2003.

Graciliano Ramos — Relatos da Sequidão. DVD — Vídeo. Direção, roteiro e entrevistas de Maurício Melo Júnior. TV Senado, 2010.

Prêmios literários

Prêmio Lima Barreto, pela Revista Acadêmica (conferido a *Angústia*, 1936).

Prêmio de Literatura Infantil, do Ministério da Educação (conferido a *A terra dos meninos pelados*, 1937).

Prêmio Felipe de Oliveira (pelo conjunto da obra, 1942).

Prêmio Fundação William Faulkner (conferido a *Vidas secas*, 1962). Por iniciativa do governo do Estado de Alagoas, os Serviços Gráficos de Alagoas S.A. (SERGASA) passaram a se chamar, em 1999, Imprensa Oficial Graciliano Ramos (Iogra).

Em 2001 é instituído pelo governo do Estado de Alagoas o ano Graciliano Ramos, em decreto de 25 de outubro. Neste mesmo ano, em votação popular, Graciliano é eleito o alagoano do século.

Medalha Chico Mendes de Resistência, conferida pelo grupo Tortura Nunca Mais, em 2003.

Prêmio Recordista 2003, Categoria Diamante, pelo conjunto da obra.

Exposições

Exposição Graciliano Ramos, 1962, Rio de Janeiro, Biblioteca Nacional.

Exposição Retrospectiva das Obras de Graciliano Ramos, 1963, Curitiba (10º aniversário de sua morte).

Mestre Graça: "Vida e Obra" — comemoração ao centenário do nascimento de Graciliano Ramos, 1992. Maceió, Governo de Alagoas.

Lembrando Graciliano Ramos — 1892-1992. Seminário em homenagem ao centenário de seu nascimento. Fundação Cultural do Estado da Bahia. Salvador, 1992.

Semana de Cultura da Universidade de São Paulo. Exposição Interdisciplinar Construindo Graciliano Ramos: *Vidas secas*. Instituto de Estudos Brasileiros/USP, 2001-2002.

Colóquio Graciliano Ramos — Semana comemorativa de homenagem pelo cinquentenário de sua morte. Academia de Letras da Bahia, Fundação Casa de Jorge Amado. Salvador, 2003.

Exposição O Chão de Graciliano, 2003, São Paulo, SESC Pompeia. Projeto e curadoria de Audálio Dantas.

Exposição O Chão de Graciliano, 2003, Araraquara, SP. SESC — Apoio UNESP. Projeto e curadoria de Audálio Dantas.

Exposição O Chão de Graciliano, 2003/04, Fortaleza, CE. SESC e Centro Cultural Banco do Nordeste. Projeto e curadoria de Audálio Dantas.

Exposição O Chão de Graciliano, 2003, Maceió, SESC São Paulo e Secretaria de Cultura do Estado de Alagoas. Projeto e curadoria de Audálio Dantas.

Exposição O Chão de Graciliano, 2004, Recife, SESC São Paulo, Fundação Joaquim Nabuco e Banco do Nordeste. Projeto e curadoria de Audálio Dantas.

4º Salão do Livro de Minas Gerais. Graciliano Ramos — 50 anos de sua morte, 50 anos de *Memórias do cárcere*, 2003. Câmara Brasileira do Livro. Prefeitura de Belo Horizonte.

Entre a morte e a vida. Cinquentenário da morte: Graciliano Ramos. Centenário do nascimento: Domingos Monteiro, João Gaspar Simões, Roberto Nobre. Exposição Bibliográfica e Documental. Museu Ferreira de Castro. Portugal, 2003.

Exposição Conversas de Graciliano Ramos, 2014, São Paulo, Museu da Imagem e do Som. Projeto e curadoria de Selma Caetano.

Exposição O Cronista Graciliano, 2015, Rio de Janeiro, Arte SESC. Projeto e curadoria de Selma Caetano.

Home page
www.graciliano.com.br
www.gracilianoramos.com.br

Este livro foi composto na tipografia Minion Pro,
em corpo 11,5/17,5, e impresso em
papel off-white no Sistema Cameron da
Divisão Gráfica da Distribuidora Record.